Selbstmitgefühl im Sport

Petra Jansen

Selbstmitgefühl im Sport

Selbsthilfe in sportlichen Krisen

Petra Jansen
Kallmünz, Bayern, Deutschland

ISBN 978-3-662-67839-8   ISBN 978-3-662-67840-4 (eBook)
https://doi.org/10.1007/978-3-662-67840-4

Die Deutsche Nationalbibliothek verzeichnet diese Publikation in der Deutschen Nationalbibliografie; detaillierte bibliografische Daten sind im Internet über http://dnb.d-nb.de abrufbar.

© Der/die Herausgeber bzw. der/die Autor(en), exklusiv lizenziert an Springer-Verlag GmbH, DE, ein Teil von Springer Nature 2023

Das Werk einschließlich aller seiner Teile ist urheberrechtlich geschützt. Jede Verwertung, die nicht ausdrücklich vom Urheberrechtsgesetz zugelassen ist, bedarf der vorherigen Zustimmung des Verlags. Das gilt insbesondere für Vervielfältigungen, Bearbeitungen, Übersetzungen, Mikroverfilmungen und die Einspeicherung und Verarbeitung in elektronischen Systemen.
Die Wiedergabe von allgemein beschreibenden Bezeichnungen, Marken, Unternehmensnamen etc. in diesem Werk bedeutet nicht, dass diese frei durch jedermann benutzt werden dürfen. Die Berechtigung zur Benutzung unterliegt, auch ohne gesonderten Hinweis hierzu, den Regeln des Markenrechts. Die Rechte des jeweiligen Zeicheninhabers sind zu beachten.
Der Verlag, die Autoren und die Herausgeber gehen davon aus, dass die Angaben und Informationen in diesem Werk zum Zeitpunkt der Veröffentlichung vollständig und korrekt sind. Weder der Verlag noch die Autoren oder die Herausgeber übernehmen, ausdrücklich oder implizit, Gewähr für den Inhalt des Werkes, etwaige Fehler oder Äußerungen. Der Verlag bleibt im Hinblick auf geografische Zuordnungen und Gebietsbezeichnungen in veröffentlichten Karten und Institutionsadressen neutral.

_Covermotiv: © istockphoto.com/Jacob Wackerhausen/ID 1494329772_Covergestaltung: deblik, Berlin

Planung/Lektorat: Ken Kissinger
Springer ist ein Imprint der eingetragenen Gesellschaft Springer-Verlag GmbH, DE und ist ein Teil von Springer Nature.
Die Anschrift der Gesellschaft ist: Heidelberger Platz 3, 14197 Berlin, Germany

Die Liebe und das Mitgefühl nehmen der Leistung nichts weg – ganz im Gegenteil, sie fügen ihr etwas hinzu.

Inhaltsverzeichnis

1 **Warum ist Selbstmitgefühl im Sport wichtig?** 1
Literatur 6

2 **Grundlagen des Selbstmitgefühls** 7
2.1 Selbstmitgefühl, mentale Gesundheit und Wohlbefinden 13
2.2 Selbstmitgefühl und klinische Outcomes 16
2.3 Selbstmitgefühl und Selbstwahrnehmung 19
2.4 Selbstmitgefühl und körperliche Gesundheit und Beziehungen 23
2.5 Zusammenfassung: Grundlagen des Selbstmitgefühls 26
Literatur 27

3 Wissenschaftliche Studien zum Selbstmitgefühl im Sport — 33

- 3.1 Ist Selbstmitgefühl im Sport abhängig von der Sportart und dem Geschlecht? — 35
- 3.2 Steht Selbstmitgefühl im Sport im Zusammenhang mit der sportlichen Leistungsfähigkeit? — 37
- 3.3 Besteht ein Zusammenhang zwischen Selbstmitgefühl im Sport und anderen psychologischen im Sport relevanten Variablen? — 38
- 3.4 Quo vadis – Selbstmitgefühlsforschung im Sport? — 40
- 3.5 Zusammenfassung: Selbstmitgefühlsforschung im Sport — 41
- Literatur — 42

4 Die Selbstmitgefühlspraxis — 45

- 4.1 Die Selbstmitgefühlspause — 48
- 4.2 Übungen zur Selbstfreundlichkeit — 50
    - 4.2.1 Sich so behandeln, wie Sie einen guten Freund oder eine gute Freundin behandeln würden — 50
- 4.3 Übungen zum gemeinsamen Menschsein — 58
    - 4.3.1 Sich daran erinnern, dass es vielen Teamkollegen und -kolleginnen so gehen mag wie Ihnen — 58
- 4.4 Übungen zur Achtsamkeit — 60
    - 4.4.1 Präsenz im jetzigen Moment — 60
    - 4.4.2 Präsenz im eigenen Körper — 61
- 4.5 Zusammenfassung: Übungen zum Selbstmitgefühl — 62
- Literatur — 63

5 Alternativen: Weitere sportpsychologische Trainingsverfahren   65
5.1 Progressive Muskelentspannung   66
5.2 Autogenes Training   68
5.3 Achtsamkeitstraining   69
5.4 Stressresistenztraining   71
5.5 Warum ein Selbstmitgefühlstraining?   72
5.6 Zusammenfassung: Weitere sportpsychologische Trainingsverfahren   73
Literatur   74

6 Expertenmeinung zu Selbstmitgefühl im Sport   77
6.1 Peggy Büchse-Dietrich, ehemalige Weltklasse-Langstreckenschwimmerin und Sportlehrerin   78
6.2 Johannes Geitner, Universitätsdozent für die Ausbildung von Sportlehrkräften und Fußball-Trainer für den ambitionierten Amateurbereich   88
6.3 Louis Kleemeyer, Tennisspieler und Inklusionsmentor   97
6.4 Hanna Tempelhagen, Läuferin und Selbstmitgefühlsexpertin   105
6.5 Dr. Philipp Röthlin, Sportpsychologe   113
6.6 Philipp Pflieger, Marathonläufer der deutschen Spitzenklasse und Botschafter für den Ausdauersport   119
Literatur   128

7 Ein Blick in die Zukunft: Anwendungsgebiete und Limitationen von Selbstmitgefühl im Sport — 129

- 7.1 Anwendungsgebiet 1: Selbstmitgefühlspraxis im Kinder- und Jugendleistungssport — 130
  - 7.1.1 Die Anforderungen im Nachwuchsleistungssport — 130
  - 7.1.2 Selbstmitgefühl im Nachwuchsleistungssport — 132
- 7.2 Anwendungsgebiet 2: Selbstmitgefühlspraxis in der Ausbildung von Trainern und Trainerinnen — 133
- 7.3 Anwendungsgebiet 3: Selbstmitgefühlspraxis im Schulsport — 135
- 7.4 Limitation 1: Die Beschreibung des Selbstmitgefühls — 137
- 7.5 Limitation 2: Die individuelle Vielfalt — 139
- 7.6 Zusammenfassung: Anwendungsgebiete und Limitationen der Selbstmitgefühlspraxis im Sport — 141
- Literatur — 142

8 Das Wichtigste zum Schluss: Selbstmitgefühl oder Selbstliebe? — 147

- 8.1 Was ist Selbstliebe? — 147
- 8.2 Selbstliebe im Sport — 149
- 8.3 Liebe als der Erfolgsfaktor? — 150
- 8.4 Zusammenfassung: Selbstmitgefühl oder Selbstliebe? — 152
- Literatur — 153

Internet-links	155
Tipps zur Weiterbildung und zur Beratung in Deutschland	157
Anhang: RESET	159

Über die Autorin

Prof. Dr. Petra Jansen ist promovierte und habilitierte Psychologin und Lehrstuhlinhaberin für Sportwissenschaft an der Universität Regensburg. Ihr Forschungsschwerpunkt liegt in der Untersuchung des Zusammenhangs zwischen motorischen, kognitiven und emotionalen Prozessen und der Rolle von Achtsamkeit und Selbstmitgefühl im Sport. Sie hat mehr als 200 internationale Fachartikel und mehrere Bücher geschrieben und ist ausgebildete Mindfulness-Meditation-Lehrerin.

1

Warum ist Selbstmitgefühl im Sport wichtig?

Selbstmitgefühl – ohje wieder ein neues Konzept und das auch noch im Sport. Reicht es nicht, dass wir gerade erst Achtsamkeit als ein Konzept im Sport anerkannt haben? Aber genau das hat mich dazu geführt, dieses Buch zu schreiben. Etwa ein halbes Jahr war ich auf Social Media zum Thema der Achtsamkeit im Sport präsent, doch nach und nach merkte ich, dass das nicht „meins" ist. So hatte ich doch den Eindruck, dass die Selbstoptimierung im Zentrum des Interesses beim Thema der Achtsamkeit im Sport stand. „Wie schaffe ich es, im Wettkampf fokussierter zu bleiben?" war eine der beliebten Fragen. Nicht, dass ich das bemängle, es war schlichtweg nicht das, was mir lag und der Fokus ging in meinem Verständnis am Konzept der Achtsamkeit vorbei. Da ich schon einige wissenschaftliche Arbeiten zum Thema des Selbstmitgefühls im Sport publiziert hatte, ist es mir ein Anliegen, dieses in meinen Augen so wichtige Konzept vielen Menschen, insbesondere Sportler und

Sportlerinnen, zugänglich zu machen. Vielleicht haben Sie schon für sich einen guten Weg gefunden, um mit Niederlagen umgehen zu können, vielleicht kann dieses Buch Sie aber auch inspirieren.

Zunächst einmal klingt „Selbstmitgefühl" für viele Menschen noch befremdlich. Als ich vor knapp zehn Jahren einem Geschäftsführer eines hochklassigen Fußballvereins begeistert vom Konzept des Selbstmitgefühls erzählte, schaute er mich an und sagte: „Wie soll das funktionieren? – Sollen wir uns jetzt alle nach einem Foul auf dem Spielfeld umarmen?" Und beim nächsten Mal sagte er: „Ach Du mit deinem Selbstmitleid!" Mh ... meine Erklärung, dass Selbstmitgefühl und Selbstmitleid nicht dasselbe sind, ging wohl etwas unter …. Ganz grob gesprochen bedeutet Selbstmitgefühl, sich selbst die beste Freundin, der beste Freund zu sein. Selbstmitgefühl integriert die positiven Aspekte Selbstfreundlichkeit, Erfahrung des gemeinsamen Menschseins und Achtsamkeit. Diesen drei positiven Aspekten stehen die negativen Aspekte Selbstverurteilung, Isolation und Überidentifikation gegenüber (Neff, 2003). Haben Sie sich schon einmal beobachtet, wenn Sie einen Wettkampf verloren haben? Wie sind Sie mit sich selbst umgegangen? Haben Sie sich insgeheim selbst beschimpft und zu sich selbst so etwas gesagt wie: „Kein Wunder, ich bin ja einfach wirklich viel zu schlecht für diesen Wettkampf"? Damit haben Sie ein Zeichen der Selbstverurteilung gesetzt. Aber vielleicht haben Sie sich auch selbst so behandelt, wie Sie einen Freund oder eine Freundin behandelt hätten, dem oder der vielleicht dasselbe passiert ist, und haben zu sich gesagt: „Ach ja, das ist schade, aber es macht nichts. Es ist okay, wenn ich mal einen schlechten Tag habe." Sagen Sie diese Sätze zu sich selbst, dann setzen Sie ein Zeichen der Selbstfreundlichkeit. Vielleicht sagen Sie bei einer Niederlage zu sich selbst auch: „Das ist ja ganz normal, das passiert jedem. Erst letzte Woche hat mein Teampartner verloren." Sie mögen nun ein Gefühl der Verbundenheit mit anderen Menschen spüren und fühlen sich in der Niederlage vielleicht nicht mehr so allein. Das, was Sie spüren, ist die Erfahrung des gemeinsamen Menschseins.[1] Aber genauso gut kann es natürlich sein, dass Sie denken, dass auch nur Ihnen solch ein Fehler passieren kann – wie kann man denn diesen Elfmeter verschießen? Vielleicht denken Sie, dass dies niemand anderem passieren würde. Was Sie jetzt erleben, ist ein Gefühl der Isolation. Die dritte Komponente des Selbstmitgefühls ist die Achtsamkeit. In einer breiteren Definition nach Jon Kabat-Zinn (2011) bezeichnet Achtsamkeit die Fähigkeit, im jetzigen Moment nicht urteilend präsent zu sein. Der Begriff der Achtsamkeit als Komponente des Selbstmitgefühls ist enger gefasst, er bezieht sich auf das Bewusstwerden negativer Gedanken (Germer & Neff, 2021). Merken Sie nach dem Verlust eines Spiels, wie plötzlich negative Gedanken auftauchen – können Sie diese wahrnehmen, annehmen und akzeptieren oder anders gesagt, ist Ihr Umgang mit Ihren Gedanken von Achtsamkeit geprägt? Oder lassen Sie sich von Ihren Gefühlen mitreißen? Haben Sie das Gefühl, dass diese negativen Gefühle Sie nicht mehr loslassen? Oft spricht man dann von einer Überidentifikation mit einer Sache, in diesem Beispiel mit dem Wettkampf bzw. der Niederlage. Sie haben dann das Gefühl, dass der verlorene Wettkampf und die Gefühle, die mit der Niederlage einhergehen, Sie selbst nicht nur gar nicht mehr loslassen, sondern sich auch verselbstständigen. Ich glaube, jeder Sportler und

---

[1] In der deutschen Übersetzung von common humanity werden unterschiedliche Begriffe genannt: Erfahrung des gemeinsamen Menschseins, gemeinsame Menschlichkeit, verbindende Menschlichkeit. Ich nutze den Begriff des gemeinsamen Menschseins.

jede Sportlerin kennt dieses Gefühl, nach einer Niederlage in einer Schleife von negativen Gedanken gefangen zu sein. Die entscheidende Frage ist, wie man aus dieser Gedankenspirale wieder herausfindet. Wie ist es möglich, den Reset-Knopf zu drücken und mental neu zu starten? Sportpsychologen und -psychologinnen beschäftigen sich viel mit dieser Frage, und so verwundert es nicht, dass es zahlreiche psychologische Trainingsverfahren im Sport gibt: Mentales Training, Zielsetzungstraining und Entspannungstraining sind nur einige dieser Verfahren, die alle ihren Wert haben. Selbstmitgefühlstraining geht meines Erachtens jedoch noch ein wenig darüber hinaus, weil es dem mentalen Training eine warmherzige Komponente der Verbundenheit mit sich selbst hinzufügt. Durch diese warmherzige Qualität ist es in meinen Augen viel mehr als ein rein mentales sportpsychologisches Training.

Den wissenschaftlichen Begriff des Selbstmitgefühls gibt es seit knapp 20 Jahren, als die ersten Arbeiten von Kristin Neff publiziert wurden. Es wundert mich nicht, dass das heutige Verständnis von Selbstmitgefühl ein ganz anderes ist als noch vor einigen Jahren! Auch wenn Selbstmitgefühl für manche Menschen noch ein unbekannter Begriff ist, taucht er im klinischen Setting schon häufig auf. Da Selbstzweifel im Sport eine große Rolle spielen, findet auch das Selbstmitgefühl im Sport immer mehr Gehör. Achtsamkeit hat sich im Sport längst als eine Praxismethode bewährt (Jansen et al., 2018). Doch wie bereits gesagt, wird die Praxis hauptsächlich zur Leistungsoptimierung genutzt, zur Optimierung der Fähigkeit, fokussiert zu sein, und die optimale Konzentrationsfähigkeit zu besitzen. Auch wenn es dem Konzept der Achtsamkeit nicht gerecht wird, ist das natürlich legitim. Selbstmitgefühl integriert das Konzept der Achtsamkeit als eine Facette, besitzt darüber hinaus aber noch die oben genannten weiteren Aspekte. Es ist schwer, fokussiert zu sein, wenn einen Selbstzweifel quälen.

Und Selbstzweifel gibt es in jeder Sportart – ob es Fussball (https://www.welt.de/sport/fussball/bundesliga/vfl-wolfsburg/article158554269/Ich-habe-so-etwas-in-meiner-Karriere-noch-nie-erlebt.html) oder die Formel 1 (https://www.formel1.de/news/news/2019-12-10/lando-norris-gibt-zu-selbstzweifel-vor-erster-formel-1-saison) ist. Wie heilsam kann es dann manchmal sein, diese Zweifel einfach anzuerkennen und sie, wenn auch vielleicht nur in einer imaginären Form, zu umarmen. „Möge ich liebevoll zu mir selbst sein und meine Zweifel als einen Teil von mir annehmen" – vielleicht sprechen Sie diesen Satz einmal leise vor sich hin, wenn Sie allein sind, und achten auf das, was in Ihrem Körper geschieht. Vielleicht spüren Sie eine Ruhe oder ein wärmendes Gefühl in Ihrem Körper. Mögen Sie liebevoll zu sich selbst sein!

Das Buch nimmt Sie mit auf eine Entdeckungsreise hin zu Ihrem liebevollen Umgang mit sich selbst im Sport. Vielleicht ist es an der Zeit, dass Sie erkennen, dass die Zeit, sich immer weiter anzutreiben, sich selbst fertig zu machen, vorbei ist. Wie viele Trainer und Trainerinnen denken noch, dass ein Anpeitschen zu einer optimalen Leistungsfähigkeit führt?

Ausgehend von den theoretischen Grundlagen des Selbstmitgefühls und der Beschreibung von Selbstmitgefühlsmethoden, die sich in der Medizin und der Psychologie bereits etabliert haben, werden auch die neuesten wissenschaftlichen Studien zum Selbstmitgefühl im Sport präsentiert. Im Praxisteil werden konkrete Übungen dargestellt. Vielleicht passt dies für den ein oder anderen Leser oder die ein oder andere Leserin. Darüber hinaus erzählen Experten und Expertinnen im Bereich des Sports, wie sie mit Krisen umgegangen sind oder umgehen, und was das Konzept des Selbstmitgefühls beinhalten kann.

Zum Ende des Buchs hin wird es vielleicht ein bisschen provokativer: Brauchen wir Selbstmitgefühl im Sport und kann Selbstmitgefühl wirklich in der Breite des Leistungssports oder auch im Freizeitsport Anerkennung erfahren? Oder brauchen wir nicht vielmehr Selbstliebe? Spannende Fragen, die man sicherlich sehr kontrovers diskutieren kann.

Sich selbst der beste Freund oder die beste Freundin zu sein, ist ein Geschenk – auch im sportlichen Leistungsbereich.

Literatur

Germer, C., & Neff, K. D. (2021). *Achtsames Selbstmitgefühl unterrichten*. Arbor.

Jansen, P., Seidl, F., & Richter, S. (2018). *Achtsamkeit im Sport*. Springer.

Kabat-Zinn, J. (2011). *Gesund durch Meditation. Full Catastrophe Living. Das vollständige Grundlagenwerk*. O. W. Barth.

Neff, K. (2003). Self-compassion: An alternative conceptualization of a healthy attitude toward oneself. *Self and Identity, 2*, 85–102. https://doi.org/10.1080/15298860309032

2

Grundlagen des Selbstmitgefühls

Publik wurde die Forschung zum Thema Selbstmitgefühl vor nunmehr 20 Jahren mit einer ersten Veröffentlichung von Kristin Neff, der Pionierin in der Forschung zu Selbstmitgefühl. In dieser Arbeit stellt sie die oben erwähnten drei Komponenten vor. Sie verweist auch auf ähnliche Konstrukte wie das der Selbstempathie. Jordan (1991) bezeichnet Selbstempathie als eine „korrektive relationale Erfahrung mit sich selbst, bei welcher zunächst verurteilte und verleugnete Anteile des Selbst akzeptiert und auf wohlwollende und verbundene Art integriert werden". Selbstmitgefühl unterscheidet sich von dem Konstrukt des Selbstwerts, weil es frei von jeglicher Bewertung ist. Wichtiger als Selbstbeurteilung ist das Mitgefühl sich selbst gegenüber, das Wahrnehmen und Anerkennen der eigenen Fehler. Wenn man sich selbst gegenüber Mitgefühl aufbringt, gelingt es auch leicht, anderen Menschen gegenüber Mitgefühl zu zeigen. Erlebt man Selbstmitgefühl, braucht man sich nun nicht mehr über andere

Menschen zu erhöhen, um den eigenen Wert zu steigern. Selbstmitgefühl ist auch kein Selbstmitleid, denn beim Selbstmitleid bleibt man oft im eigenen Sumpf gefangen. „Oh, ich Arme" sind Worte, die man nicht selten hört. Selbstmitgefühl erkennt aber an, dass es vielen Menschen so geht: Man könnte sagen, Selbstmitgefühl ist weniger selbstzentriert als Selbstmitleid. Selbstmitgefühl grenzt sich darüber hinaus auch von der Selbstliebe ab. Selbstliebe repräsentiert einen Aspekt der Liebenden Güte, die die erste der vier Brahmaviharas ist (Henschke & Sedlmeier, 2023). Selbstmitgefühl ist ein Aspekt des Mitgefühls, das eine andere Tugend der Brahmaviharas ist, und meint, dass alle Menschen frei vom Leiden sein sollen. Somit ist das Leiden zentral für den Begriff des Selbstmitgefühls, aber nicht für den der Selbstliebe. Aber natürlich sind die beiden Konzepte verbunden; Menschen, die in Kontakt mich sich selbst sind, sich akzeptieren und für sich selbst sorgen – als die drei wichtigen Aspekte der Selbstliebe –, zeigen auch mehr Selbstmitgefühl für sich selbst, wenn sie leiden (Henschke & Sedlmeier, 2023). 2021 publizierte Kristin Neff ein Buch, in dem sie den Begriff des Selbstmitgefühls zu, „Fierce Self-Compassion" - (Neff, 2021) oder im Deutschen „Kraftvolles Selbstmitgefühl" - erweitert (Neff, 2022a). Sanftes Selbstmitgefühl integriert die nährende innere Energie, das Leiden zu lindern, kraftvolles Selbstmitgefühl bezieht sich auf eine handelnde äußere Energie zur Leidensminderung. Beides führt zu dieser fürsorglichen Kraft, die notwendig ist, um Leiden zu lindern. Die beiden Wege sind in Abb. 2.1 dargestellt.

Das sanfte Selbstmitgefühl beschreibt die Fähigkeit, in einer akzeptierenden Art und Weise bei sich selbst zu sein, dadurch, dass man sich selbst gegenüber freundlich ist, und weiß, dass man in seinem Leiden nicht allein und im gegenwärtigen Moment ganz präsent ist. Das Leiden

Abb. 2.1 Darstellung des sanften und des kraftvollen Selbstmitgefühls. (Siehe https://self-compassion.org/wp-content/uploads/2021/06/KN_SYW_Fierce-map.pdf, mit Erlaubnis von Dr. Kristin Neff)

wird dadurch gelindert, dass man sich selbst akzeptiert (accepting ourselves to alleviate suffering). Kraftvolles Selbstmitgefühl fokussiert sich auf ein Handeln in der Welt, um Leiden zu mindern (taking action to alleviate suffering). Dieses Handeln kann für den Eigenschutz nützlich sein, indem man selbst Grenzen setzt und lernt, „Nein" zu sagen (protecting, drawing boundaries and saying no). Diese Art des Selbstmitgefühls kann auch die Facette des „sich selbst etwas Gutes tun" annehmen (providing and saying yes to our needs), oder den Aspekt der Eigenmotivation, etwas zu lernen und die Welt zu verändern, beschreiben (motivating to learn, grow and change the world). Die Aspekte führen dazu, dass eine fürsorgliche Kraft entsteht, die es einem erlaubt, aufzublühen (caring force allowing us to thrive).

Zum Konzept des kraftvollen Selbstmitgefühls gibt es noch wenig Forschung. Die Forschung zum Ursprungskonzept des Selbstmitgefühls hat jedoch sehr zugenommen, wie in Germer und Neff (2021, S. 72) dargestellt. Sind bis 2011 noch unter 200 Arbeiten zu dem Thema publiziert worden, waren es 2018 schon über 1800 wissenschaftliche Arbeiten, die in der wissenschaftlichen Suchmaschine Google Scholar identifiziert werden konnten.

Abb. 2.2 (mit Erlaubnis aus Swami et al., 2021) gibt einen Überblick über die Arbeiten zum Selbstmitgefühl und zu den untersuchten Themen. Hier zeigen sich die Cluster der „Mentalen Gesundheit und des

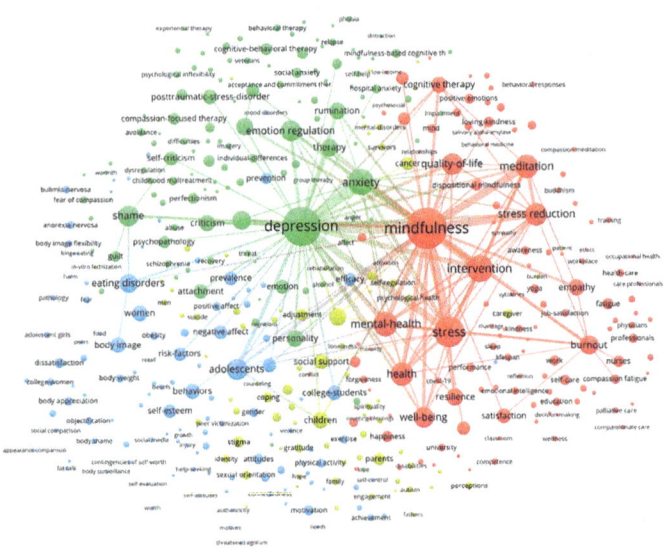

Abb. 2.2 Darstellung der Vernetzung des Begriffs Selbstmitgefühl mit anderen Konzepten. (Mit freundlicher Genehmigung aus Swami et al., 2021, S. 2121)

2 Grundlagen des Selbstmitgefühls

Wohlbefindens", der „Klinischen Outcomes", der „Selbst-Wahrnehmung" und der „Körperlichen Gesundheit und Familienangelegenheiten". Die Größe der Kreise zeigt die relative Anzahl des Erscheinens der Schlüsselwörter, und die Breite der Linien weist auf die Häufigkeit, mit der zwei Schlüsselwörter verbunden sind, hin.

Selbstmitgefühl kann mit der aus 26 Items bestehenden Selbstmitgefühlsskala (Neff, 2003), die sich drei positiven und drei negativen Skalen zuordnen lassen, gemessen werden. Daneben existiert eine aus 12 Items bestehende, kurze, mit der Langversion hoch korrelierende Form, die häufig in der Forschung verwendet wird. Die Selbstmitgefühlsskala gibt es in vielen Sprachen, ist für die Forschung frei verfügbar (https://self-compassion.org/self-compassion-scales-for-researchers/) und auch für den deutschsprachigen Raum validiert. In der wissenschaftlichen Community wird viel darüber diskutiert, ob es sinnvoll ist, einen Gesamtwert des Selbstmitgefühls zu bestimmen, einen negativen bzw. positiven Wert oder einzelne Werte für die sechs Skalen. Während Kristin Neff für die Nutzung eines Gesamtwertes plädiert (Neff, 2023), zeigt sich in einer Arbeit für die Nutzung der deutschen Skala allerdings, dass es sinnvoller ist, entweder die sechs Skalen einzeln oder die drei negativen und die drei positiven Aspekte (jeweils zu einem Gesamtwert zusammengefasst) zu nutzen (Coroiu et al., 2018). Bei dem Fragebogen handelt es sich um eine sogenannte Eigenschafts- oder Trait-Messung des Selbstmitgefühls, bei der nicht vergessen werden darf, dass andere Faktoren diesen Trait beeinflussen können. Um den direkten Einfluss von z. B. Selbstmitgefühlsinterventionen in einer bestimmten Situation zu untersuchen, bietet es sich zudem an, die neu konzipierte State-Selbstmitgefühlsskala zu nutzen (Neff et al., 2021), von der es bislang jedoch noch keine validierte deutsche Version gibt.

Abb. 2.2 verdeutlicht sehr einprägsam die Verbindungen des Begriffs Selbstmitgefühl mit anderen Themen. Hierzu existieren bereits Überblicksarbeiten. Aus diesem Grund ergibt es an dieser Stelle wenig Sinn, viele einzelne Arbeiten zu einem bestimmten Themengebiet, z. B. der Beziehung von Selbstmitgefühl und Wohlbefinden, darzustellen. Ich konzentriere mich deshalb, wann immer es thematisch möglich ist, auf die Darstellung systematischer Reviews und Meta-Analysen zu den vier oben erwähnten Schwerpunktthemen. Dabei ist auch zu bedenken, dass die Auswahl der Themen innerhalb der Schwerpunktthemen subjektiv ist. Darüber hinaus sind viele Themen, die einem Cluster zugeordnet werden, auch mit Themen aus anderen Clustern verbunden. So wird z. B. der Zusammenhang zwischen Selbstmitgefühl und Depression im Abschnitt „Klinische Outcomes" eingeordnet, er hat aber sicherlich auch etwas mit dem Themengebiet der „Mentalen Gesundheit" zu tun. Bei den systematischen Reviews handelt es sich um eine Literaturrecherche geeigneter Studien nach a priori definierten Ein- und Ausschlusskriterien. Werden die darin enthaltenden Ergebnisse noch quantitativ zusammengefasst, spricht man von einer Meta-Analyse (Ressing et al., 2009). Eine detaillierte Auflistung aller aktuellen wissenschaftliche publizierten Arbeiten findet sich auf der Homepage von Kristin Neff (https://self-compassion.org/the-research/). Leser und Leserinnen, die an der wissenschaftlichen Diskussion des Konstrukts des Selbstmitgefühls und ihrer Erfassung mittels der Selbstmitgefühlsskala interessiert sind, möchte ich auf den Kommentar von Kristin Neff (2022b) verweisen.

2.1 Selbstmitgefühl, mentale Gesundheit und Wohlbefinden

Nach der Auflistung von Swami et al. (2021) gehören in diese Kategorie unter anderem die Komponenten Stress, Gesundheit, Wohlbefinden, Lebenszufriedenheit, und Achtsamkeit. In diesem Abschnitt möchte ich mich gern auf die Darstellung des Zusammenhangs zwischen Selbstmitgefühl und Wohlbefinden konzentrieren. Diese Darstellung wird allerdings schon ein wenig dadurch erschwert, dass die Definition von Wohlbefinden wissenschaftlich gesehen nicht so einfach ist: Wir haben uns mit dem Thema bereits in unserem Buch „Glücklich durch Sport?" (Jansen & Hoja, 2020) auseinandergesetzt. Die wichtigsten Konzepte sind hier noch einmal kurz erwähnt: Wohlbefinden wird häufig mit dem Begriff des Glücks gleichgesetzt und eine Differenzierung zwischen den beiden Konstrukten fällt manchmal schwer (Jansen & Hoja, 2020). Kahnemann und Deaton (2010) prägen den Begriff des emotionalen Wohlbefindens, und beziehen diesen Begriff auf die emotionale Qualität der jetzigen Erfahrung, z. B. auf die Intensität der Freude, die man gerade in diesem Moment erlebt. Sie grenzen vom Begriff des emotionalen Wohlbefindens das kognitive Wohlbefinden ab, das sich eher auf die Gedanken bezieht, die sich eine Person über ihr Leben macht. Vielleicht ist dieses Konzept auch im Einklang mit dem Begriff „life satisfaction" zu sehen. Der Begriff kann als kognitive Beurteilung des eigenen Lebens aufgefasst werden (Diener et al., 2003). Beide Begriffe beziehen sich auf einen eudaimonischen Glücksbegriff, der eher überdauernd ist und manchmal auch als subjektives Wohlbefinden bezeichnet wird. Neben der affektiven und kognitiven Komponente des Glücks oder des Wohlbefindens (ich nutzte die Begriffe der Einfachheit halber synonym) findet sich in der Literatur noch der Begriff des Aufblühens, oder des flourishing (Keyes, 2002). Van der Weele (2017) argumentiert, dass das Konzept des Aufblühens die Konzepte des Glücks, der Lebenszufriedenheit, der mentalen und körperlichen Gesundheit, der Bedeutung und der Zielsetzung, des Charakters, der Tugenden und der nahen sozialen Beziehungen umfasst. Flourishing oder das Aufblühen kann auch als das Vorhandensein des hedonistischen und eudaimonischen Wohlbefindens gesehen werden (Schotanus-Dijkstra et al., 2015). Mentale Gesundheit integriert den Begriff des Wohlbefindens. So definiert die WHO „mental health" wie folgt: *„Mental health is a state of mental well-being that enables people to cope with the stresses of life, realize their abilities, learn well and work well, and contribute to their community. It is an integral component of health and well-being."* (https://www.who.int/news-room/fact-sheets/detail/mental-health-strengthening-our-response). (Deutsche Übersetzung: Mentale Gesundheit ist ein Zustand des mentalen Wohlbefindens, das den Menschen erlaubt, mit Stress im Leben umzugehen, die eigenen Möglichkeiten zu erfahren, gut zu lernen und zu arbeiten und zur Gemeinschaft beizutragen. Mentale Gesundheit ist ein integraler Bestandteil der Gesundheit und des Wohlbefindens.)

Aber was hat nun Selbstmitgefühl mit Wohlbefinden und mentaler Gesundheit zu tun? Bereits in einer Meta-Analyse von 2015 konnte aufgezeigt werden, dass Selbstmitgefühl mit dem individuellen Wohlbefinden zusammenhängt (Zessin et al., 2015). Dabei berücksichtigen die Autoren in ihrer Meta-Analyse nur Arbeiten mit quantitativen Daten, mit standardisierten Messungen von Selbstmitgefühl und Wohlbefinden, und Daten, in denen die Korrelationsquotienten angegeben wurden. Es gab keine Ausschlusskriterien bezüglich des Studiendesigns und möglicher moderierender Variablen. Möglicherweise werden Sie sich nun fragen, warum Sie das interessieren sollte? Vielleicht nicht unmittelbar, aber es ist doch so, dass auch Meta-Analysen, die allen strengen wissenschaftlichen Kriterien gehorchen, zu unterschiedlichen Ergebnissen führen, und dann ist es wichtig zu wissen, nach welchen Kriterien die jeweilige Analyse durchgeführt wurde. Mit der Anwendung dieser Methodik ergab die Meta-Analyse von Zessin et al. (2015) eine signifikante Beziehung zwischen den Variablen des Selbstmitgefühls und des Wohlbefindens. Dabei war die Korrelation zwischen Selbstmitgefühl und psychologischem Wohlbefinden (oftmals gemessen mit der *Psychological Well-Being Scale* von Ryff, 1989) höher als die Korrelation zum kognitiven Wohlbefinden (oftmals gemessen mit *Satisfaction with Life Scale* von Diener et al., 1985) oder zum positiven oder negativen Affekt, der in fast jeder Stichprobe mit dem *PANAS* (Watson et al., 1988) gemessen wurde. Der Zusammenhang zwischen Selbstmitgefühl und Lebenszufriedenheit konnte auch in einer weiteren Meta-Analyse mit einer mittleren bis hohen Effektstärke nachgewiesen werden (Wang & Lou, 2022a). Die Korrelation in individualistischen Gesellschaften wie z. B. den Niederlanden, Belgien oder Dänemark war dabei höher als in kollektivistischen Gesellschaften wie z. B. Indien. Eine Erklärung dafür könnte sein, dass das Konzept des Selbstmitgefühls überlappende Eigenschaften mit den Konzepten der persönlichen Stärke, des Selbstvertrauens und der Selbstfürsorge hat – Konzepte, die sich besser in eine individualistische Gesellschaft einfügen. Eine weitere Erklärung könnte auch die Definition von Wohlbefinden in individualistischen und kollektivistischen Gesellschaften sein. In individualistischen Gesellschaften korreliert Wohlbefinden mehr mit individuellen Konzepten, z. B. Selbstwert oder positivem Affekt; in kollektivistischen Gesellschaften steht das Wohlbefinden eher mit einem Streben nach Harmonie in Zusammenhang. In einer weiteren Meta-Analyse wurde nachgewiesen, dass Selbstmitgefühl positiv mit der wahrgenommenen sozialen Unterstützung und negativ mit beispielsweise dem Gefühl von Einsamkeit zusammenhängt. Aber auch hier zeigte sich ein Kulturunterschied, so ist die Korrelation in kollektivistischen Gesellschaften geringer (Wang & Lou, 2022b).

Die hier dargestellten Meta-Analysen betrachten Selbstmitgefühl als sogenanntes Trait, d. h. als Eigenschaft. Es gibt aber auch Arbeiten, die sich damit beschäftigen, ob Selbstmitgefühlsinterventionen Erfolg versprechen, z. B. das systematische Review von Kotera und Van-Gordon (2021), in dem zehn Arbeiten zu Selbstmitgefühlsinterventionen in einem klinischen oder pädagogischen Arbeitsumfeld, zumeist in westlichen Ländern, zusammengefasst werden. Unter anderem zeigte sich, dass die Interventionen einen positiven Effekt auf die Lebensqualität und das Wohlbefinden haben, mit einem größeren Effekt von Interventionen, die länger (mehr als 11 h verteilt über mehrere Sitzungen) dauern.

2.2 Selbstmitgefühl und klinische Outcomes

Auch das zweite Cluster aus der Arbeit von Swami et al. (2021) umfasst ein breites Spektrum von Themen, z. B. Traumata, Persönlichkeitsstörungen oder affektive Störungen wie die Depression. Dieses Kapitel steht auch in Zusammenhang mit dem vorherigen Kapitel: Wenn es einen positiven Zusammenhang zwischen Selbstmitgefühl und Wohlbefinden gibt, kann man davon ausgehen, dass der Zusammenhang zu negativen Aspekten, wie dem Auftreten von Depressionen und Ängsten, negativ ist. Dies bedeutet, dass hohe Werte beispielsweise auf einer Depressionsskala mit niedrigen Werten auf der Selbstmitgefühlsskala einhergehen, ein Ergebnis, das mit der bereits 2012 publizierten Meta-Analyse von MacBeth und Gumley im Einklang steht. Diese Meta-Analyse fokussiert sich auf korrelative Studien, im Gegensatz zur Meta-Analyse von Wilson et al. (2019), die die Effektivität von an Selbstmitgefühl angelehnten Therapien analsysiert. Hier zeigte sich aufgrund der Therapien eine Steigerung des Selbstmitgefühls und eine Reduktion von Angst- und Depressionssymptomen. Das eigentlich Interessante an dieser Studie: Vergleicht man die Interventionen mit einer aktiven Kontrollgruppe, die ein anderes Programm erhielt, sind die Effekte auf die drei oben erwähnten Variablen nicht größer als bei der aktiven Kontrollgruppe. Dies ist ein Indiz dafür, dass eine Selbstmitgefühlsintervention eine, neben vielen anderen, Intervention ist, die in einer Therapie angewandt werden kann. Wichtig scheint jedoch zu sein, dass Therapeuten und Therapeutinnen die Selbstmitgefühlspraxis verinnerlicht haben sollten, wenn sie diese lehren wollen (Neff & Germer, 2022). Tatsächlich zeigte sich, dass die Therapeuten und Therapeutinnen, die höhere Werte im Selbstmitgefühl erzielten, geringere Depressions- und Burnoutwerte aufzeigten (Richardson et al., 2020). Vielleicht ist das ein Hinweis, dass ein Selbstmitgefühlstraining auch für Trainer und Trainerinnen im Sport wichtig sein kann.

In einem weiteren systematischen Review wurde der Zusammenhang zwischen Selbstmitgefühl und Angst und Depression bei chronisch erkrankten Menschen untersucht. Eine chronische Erkrankung verläuft über einen langen Zeitraum und kann oftmals nicht geheilt werden. Auch bei chronisch erkrankten Menschen konnte eine inverse Beziehung zwischen Selbstmitgefühl und Angst und Depression gezeigt werden (Hughes et al., 2021). Aber man darf nicht vergessen, dass es sich um korrelative Studien handelt und kausale Schlüsse nicht erlaubt sind. Bezogen auf Interventionsstudien existiert ein systematisches Review von Mitgefühls-basierten Interventionen bei Patienten und Patientinnen mit chronischen Erkrankungen. Die Studien, die einbezogen wurden, enthielten nicht nur Studien mit Selbstmitgefühlsinterventionen, sondern auch Studien, in welchen z.B. die Mitgefühl-fokussierte Therapie als Intervention genutzt wurde (Austin et al., 2021). Vierzehn der 20 inkludierten Studien enthielten eine längere Intervention und sechs eine kürzere. Neben zahlreichen Einzelergebnissen war die Reduktion von Depression und Angst das Hauptergebnis. Einige der Studien umfassten auch das Feedback der Patienten und Patientinnen nach der Intervention. Hier zeigte sich, dass die Interventionen den Patienten und Patientinnen halfen, a) die Situation, den veränderten Körper und die damit einhergehenden Veränderungen anzunehmen, b) ihre Emotionen zu regulieren und c) das Gefühl der Isolation zu reduzieren bzw. das Gefühl der Verbindung zu anderen zu steigern.

Der Trauma-Begriff ist ebenfalls weitgefasst, so ist das Konstrukt „Trauma" auf der einen Seite häufig mit dem Begriff der posttraumatischen Belastungsstörung verbunden, auf der anderen Seite umfasst es viele Situationen, in denen oder durch die Menschen leiden (Kruppnik, 2019). In einem systematischen Review untersuchten Winders et al. (2020) den Zusammenhang zwischen Selbstmitgefühl und posttraumatischer Belastungsstörung bzw. Trauma. Es zeigte sich, dass ein gesteigertes Selbstmitgefühl mit reduzierten Symptomen in der posttraumatischen Belastungsstörung korreliert, wobei der Zusammenhang oft durch andere Variablen, z. B. die

Emotionsregulationsfähigkeit oder die interpersonale Kompetenz, mediiert wird. In acht der elf Studien, die Selbstmitgefühlkomponenten in der Therapie umfassten, kam es zu einer Verbesserung der Symptome der posttraumatischen Belastungsstörung. Hierbei ist jedoch die fehlende Randomisierung und Kontrollgruppe in einigen Studien zu erwähnen. Darüber hinaus hat sich gezeigt, dass längere Interventionen, die Komponenten des Selbstmitgefühls enthielten, einen größeren Erfolg bezogen auf die Reduzierung von posttraumatischen Belastungsstörungen haben als kürzere (Luo et al., 2021).

2.3 Selbstmitgefühl und Selbstwahrnehmung

Swami et al. (2021) schließen in ihrem dritten Cluster, in dessen Mittelpunkt „das Selbst" steht, unter anderem Variablen wie Aggression, soziale Verbundenheit, Essstörungen, Körperbild, Geschlechtsunterschiede oder Motivation ein. So zeigen Turk und Waller (2020) in einem systematischen Review und einer Meta-Analyse, dass mit mittleren Effektstärken Selbstmitgefühlsinterventionen zu einer Verringerung des pathologischen Essverhaltens, zu einem positiveren Körperbild und zu geringeren Körperbildverzerrungen führen. Hier kann man einen kausalen Effekt annehmen. Es existierten jedoch Variablen, mit denen das Ergebnis im Zusammenhang stand: Der Zusammenhang zwischen pathologischem Essverhalten und Selbstmitgefühl war stärker in qualitativ hochwertigen Studien, Selbstmitgefühl stand in einem größeren Zusammenhang zu einem positiven Körperbild, wenn die Teilnehmer und Teilnehmerinnen älter waren und generell mehr wogen. Es konnte aber kein moderierender Effekt der Dauer der Intervention nachgewiesen werden, sodass man davon ausgehen kann, dass, bezogen auf die Variablen Körperbild und Essverhalten, kurze Interventionen hilfreich sein können. Darüber hinaus konnte auch gezeigt werden, dass Selbstmitgefühlsinterventionen für ein Gewichtsmanagement empfehlenswert sind (Brenton-Peters et al., 2021). Von 20 in das systematische Review einbezogenen Studien zeigten 17 Studien nach der Intervention eine Steigerung des Selbstmitgefühls, Verbesserungen des Essverhaltens (15 von 18), eine Steigerung der körperlichen Aktivität (6 von 11) und eine Gewichtsabnahme (6 von 11). Die meisten Verbesserungen waren noch bei einem Follow-Up sichtbar. Trotz dieser positiven Aussagen weisen die Autoren und Autorinnen darauf hin, dass methodische Schwächen und auftretende Fragen die Aussagekraft der Bedeutung von Selbstmitgefühlsinterventionen bezüglich eines überdauernden Gewichtsmanagements beinträchtigen.

Essstörungen und Körperbild sind jedoch nur ein Teil der Phänomene, die mit dem Selbst zusammenhängen und ausführlich betrachtet werden können. Wenn wir uns z. B. mit der Selbstwahrnehmung beschäftigen, bleibt die Frage „Was ist das Selbst überhaupt" nicht aus. Die Beantwortung dieser Frage ist durch die eigene Sichtweise, sei es z. B. biologisch, psychologisch, theologisch oder philosophisch, geprägt. Aus einer psychologischen Sichtweise findet man oft eine Differenzierung zwischen dem Selbstkonzept und dem Selbstwert: Unter dem Selbstkonzept versteht man eher eine neutrale Beschreibung des eigenen Selbst, etwa wie: „Ich bin eine fröhliche Person". Der Selbstwert inkludiert immer die Bewertung der eigenen Person: „Ich habe zu wenig Durchsetzungsvermögen." Eine wichtige Voraussetzung für die Entstehung des Selbstkonzepts und des Selbstwerts ist das Erkennen des eigenen Selbst, d. h. die Erkenntnis, dass sich das eigene Selbst von der es umgebenden Welt unterscheidet. Beides entwickelt sich kontinuierlich in den ersten beiden Lebensjahren (Jansen & Kunze, 2019). Nach dem Lexikon der Psychologie wird die Selbstwahrnehmung als die Kenntnis über die eigenen Körperprozesse, die eigenen positiven und negativen Eigenschaften und Verhaltensweisen beschrieben (https://www.spektrum.de/lexikon/psychologie/selbstwahrnehmung/13995). Da verwundert es nicht, dass ein Zusammenhang zwischen Selbstwahrnehmung und Selbstmitgefühl postuliert wird. Wie sollten wir denn Selbstmitgefühl entwickeln, wenn wir uns gar nicht wahrnehmen können? Bereits oben wurde auf den Zusammenhang zwischen Selbstmitgefühl und Körperbild oder verzerrter Körperwahrnehmung eingegangen. Generell ist es auch ein spannendes Thema, inwieweit Selbstmitgefühl mit der Interozeptionsfähigkeit, d. h. mit der Wahrnehmung interner physiologischer Signale wie z. B. dem Herzschlag, zusammenhängen kann. Bereits James (1890) ging davon aus, dass der Körper nicht nur ein Objekt, sondern eine Schlüsselkomponente des materiellen Selbst ist. Monti et al. (2022) zeigen auf, dass die inneren physiologischen Signale einen besonderen Einfluss auf die materiellen (in Form des Körpers), sozialen (z. B. die Wahrnehmung der eigenen Person im Verhältnis zur anderen Person) und spirituellen Aspekte (Fähigkeit zur Transzendenz) des Selbst haben könnten, auch wenn weitere Studien noch fehlen. Dies bedeutet aber auch, dass, wenn wir uns mit dem Mitgefühl für uns selbst beschäftigen, die internen Signale eine Rolle spielen. Leider gibt es noch wenige Studien zu diesem Thema, wohingegen das Thema der Beziehung zwischen Achtsamkeit und Verbundenheit besser untersucht ist. Eine Studie zum Thema Selbstmitgefühl und interne Körpersignale ist jedoch sehr interessant (Kirschner et al., 2019): In dieser Arbeit wurden 135 studentische Teilnehmende auf fünf

Gruppen aufgeteilt und erhielten entweder a) eine kurze auf die körperlichen Signale bezogene Selbstmitgefühlsintervention, b) eine Intervention der Meditationsform der Liebenden Güte, die das Selbst mit einbezieht, c) eine Intervention, in der sie sich über eine ärgerliche Situation Gedanken machen, d) sich einen Supermarkteinkauf vorstellen oder e) sich an ein positives Ereignis erinnern sollten. Neben dem Maß des Zustands des Selbstmitgefühls maßen die Studienleiter und -leiterinnen die Herzrate, die Herzratenvariabilität und die Hautleitfähigkeit. Beide Interventionen, die Mitgefühl beinhalteten, führten zu einer höheren Herzratenvariabilität und einer reduzierten Herzrate und Hautleitfähigkeit. Dies ist ein physiologischer Zustand, der mit gesundheitlichen Vorteilen einhergeht (Kanji et al., 2006).

Mit der Interozeption wird die Wahrnehmungsseite des Selbst durch körperliche Signale angesprochen. Einige Arbeiten haben zudem gezeigt, dass Selbstmitgefühl im Zusammenhang damit steht, wie wir Dinge außerhalb des Körpers wahrnehmen, z. B. die Zeit. So wurden in einer Studie 282 Teilnehmer und Teilnehmerinnen, nachdem sie Messungen zu Selbstmitgefühl und Selbstwert ausfüllten, in zwei Gruppen aufgeteilt. Sie mussten sich entweder an ein positives oder ein negatives Ereignis erinnern und einschätzen, wie weit weg sie sich von diesem Ereignis fühlten. Dabei zeigte sich, dass Selbstmitgefühl mit dem Gefühl, dass das negative Ereignis weit zurück lag und dass die Zeit für das Ereignis verschwendet war, korreliert. Es zeigte sich jedoch keine Korrelation zu der zeitlichen Einschätzung des positiven Ereignisses (Miyagawa & Taniguchi, 2020). Die fürsorgliche Haltung sich selbst gegenüber, die im Selbstmitgefühl erfasst wird, scheint mit dem „Weit-Weg Empfinden" eines unangenehmen Ereignisses in Einklang zu stehen. Vielleicht ist dies auch ein Zusammenhang, der im Sport wichtig sein kann – vielleicht erreichen wir durch Selbstmitgefühl, dass Niederlagen weiter weg erscheinen!

Bislang haben wir das Selbst und den Zusammenhang zum Selbstmitgefühl auf einer sehr wahrnehmungsnahen Ebene betrachtet. Daneben gibt es Aspekte, die das Selbst auf einer „höheren" Ebene in dem Sinne betrachten, dass kognitive Prozesse involviert sind, z. B. beim Konzept des Selbstwerts. Ein anderer weiterer „höherer" Aspekte wäre die Selbstwirksamkeit. Sie ist eine wichtige Variable, die die Überzeugung einer Person beschreibt, eine schwierige Situation selbst meistern zu können. In einer Meta-Analyse zeigte sich ein positiver Zusammenhang zwischen dem Gesamtwert auf der Selbstmitgefühlsskala und dem Wert auf der Selbstwirksamkeitsskala. Dabei war dieser Zusammenhang bei einer Stichprobe Nicht-Studierender größer als bei Studierenden (Liao et al., 2021). Auch dies mag für den Sportbereich sehr wichtig sein, da der Zusammenhang zwischen der Selbstwirksamkeitserwartung und der sportlichen Leistung schon lange bekannt ist (Moritz et al., 2000).

2.4 Selbstmitgefühl und körperliche Gesundheit und Beziehungen

In diesem Cluster fassen Swami et al. (2021) nicht nur das interpersonelle Verhalten als Eltern bzw., in der Familie zusammen, sondern unter anderem auch die Themen Dankbarkeit, Optimismus und das Erleben einer schweren Erkrankung. Auch wenn sie es in ihrer Analyse nicht explizit erwähnen, gehört zur körperlichen Gesundheit sicherlich auch das Schlafverhalten. In diesem Zusammenhang und auch für den Sportbereich interessant mag noch jene Meta-Analyse sein, in der nachgewiesen wurde, dass

Menschen, die ein größeres Selbstmitgefühl besitzen, über weniger Schlafprobleme berichten (Brown et al., 2021). Bei Patienten und Patientinnen mit einer Krebserkrankung zeigte sich, dass Interventionen, die Elemente des Selbstmitgefühls integrierten, Depressionen verringern und Selbstmitgefühl steigern können (Fan et al., 2023). Zudem konnte durch die Anwendung eines webbasierten Programms, in das Komponenten des Selbstmitgefühls in Form einer Schreibintervention inkludiert waren, gezeigt werden, dass die Körperbildunzufriedenheit bei Frauen mit Brustkrebs reduziert werden konnte (Sherman et al., 2018).

Bezogen auf den Zusammenhang von Selbstmitgefühl und Beziehungen existieren ebenfalls bereits Meta-Analysen. So konnte z. B. nachgewiesen werden, dass Interventionen, die Elemente des Selbstmitgefühls integrierten, bei Eltern zu einer Steigerung des eigenen Selbstmitgefühls führen, elterliche Depressionen und Ängste verringern und die Achtsamkeit steigern. Vier der 13 inkludierten Studien untersuchten auch die Effekte bezogen auf das kindliche Verhalten, die Ergebnisse sind jedoch nicht eindeutig. Im Ganzen waren die Studien eher von einer geringen methodischen Qualität. Aus diesem Grund fordern die Autoren und Autorinnen weitere Studien zu diesem Thema, um die ersten positiven Ergebnisse zu untermauern (Jefferson et al., 2020). Lathren et al. (2021) untersuchen in einem Literatur-Review den Zusammenhang zwischen Selbstmitgefühl und nahen zwischenmenschlichen Beziehungen. Zusammenfassend erwähnen sie, dass – nur mit wenigen Ausnahmen – Selbstmitgefühl mit einem positiven Bindungsverhalten, einem adaptiven elterlichen Verhalten, einem gesunden Familiengefüge und funktionierenden romantischen und freundschaftlichen Beziehungen verbunden ist, ebenso wie z. B. mit einem konstruktiven Konfliktverhalten (Lathren et al., 2021). Interventionsstudien sind notwendig, um mehr über die Kausalität aussagen zu können. Selbstmitgefühl kann darüber hinaus auch positive Konsequenzen für intrapersonelle (mentale und körperliche Gesundheit, Resilienz, Jobzufriedenheit und Jobleistung) und interpersonelle Outcomes (z. B. Beziehung zwischen Arbeitnehmenden und Arbeitgebenden) in Organisationen, d. h. auf der Arbeit, haben (Dodson & Heng, 2021).

In diesem vierten Cluster fassen Swami et al. (2021) auch die Arbeiten zum Zusammenhang zwischen Selbstmitgefühl und positiven Emotionen, z. B. Optimismus und Dankbarkeit, zusammen. Meta-Analysen zu diesen Themen gibt es bislang noch nicht. In einer Studie beschreiben Voci et al. (2019) Dankbarkeit und Selbstmitgefühl als Aspekte der „Heartfulness". Heartfulness kann als der emotionalere, herzbezogenere Mechanismus der Achtsamkeit betrachtet werden. Selbstmitgefühl kann als Heartfulness gegenüber der eigenen Person und Dankbarkeit als Heartfulness gegenüber anderen Personen aufgefasst werden. Voci et al. (2019) konnten zeigen, dass Selbstmitgefühl und Dankbarkeit einen unterschiedlich mediierenden Effekt zwischen Achtsamkeit und Wohlbefinden einnehmen: So mediiert Selbstmitgefühl zwar den Zusammenhang zwischen Autonomie als Achtsamkeitskomponente und Wohlbefinden, Dankbarkeit hingegen nicht. Dieses Ergebnis war sowohl für Meditierende als auch Nicht-Meditierende gültig. Festzuhalten ist in jedem Falle, dass Selbstmitgefühl und Dankbarkeit zwei Mechanismen sind, durch die die Facetten der Achtsamkeit mit dem Wohlbefinden verbunden sind.

2.5 Zusammenfassung: Grundlagen des Selbstmitgefühls

Selbstmitgefühl bezeichnet die Fähigkeit, sich in schwieriger Zeit der beste Freund oder die beste Freundin zu sein. Es umfasst die positiven Konzepte der Selbstfreundlichkeit, des gemeinsamen Menschseins und der Achtsamkeit. Die Forschung zum Selbstmitgefühl hat in den letzten Jahren rasant zugenommen, wahrscheinlich nicht zuletzt, weil sich positive Zusammenhänge zu vielen Variablen, z. B. dem Wohlbefinden, zeigen. Auch Interventionen, die Komponenten des Selbstmitgefühls integrieren, zeigen ihre Wirkung. In Krisenzeiten können Selbstmitgefühlsinterventionen somit eine positive Wirkung haben. Hierbei darf jedoch nicht vergessen werden, dass manche Interventionsstudien eine geringere methodische Qualität besitzen, weil z. B. eine Randomisierung nicht vorlag oder überhaupt eine Kontrollgruppe fehlte. Generell darf auch nicht außer Acht gelassen werden, dass jede Teilnahme an einem Experiment freiwillig ist, und sich natürlich nur Teilnehmer und Teilnehmerinnen melden, die mit der Art der Intervention einverstanden sind. Wahrscheinlich gibt es viele Menschen, die in schwierigen Zeiten auch gerne an einer Musik- oder Sportintervention teilnehmen. Dennoch kann die Eigenschaft, sich in schwierigen Zeiten wie den besten Freund oder die beste Freundin zu behandeln, nicht falsch sein!

Literatur

Austin, J., Drossaert, C. H. C., Schroevers, M. J., Sanderman, R., Kirby. J. N., & Bohlmeijer, E. T. (2021). Compassion-based interventions for people with long-term physical conditions: A mixed methods systematic review. *Psychology & Health, 36(1)*, 16–42. https://doi.org/10.1080/08870446.2019.1699090.

Brenton-Peters, J., Consedine, N. S., Boggiss, A., Wallace-Boyd, K., Roy, R., & Serlachius, A. (2021). Self-compassion in weight management: A systematic review. *Journal of Psychosomatic Research, 150*, 110617. https://doi.org/10.1016/j.jpsychores.2021.110617.

Brown, L., Houston, E. E., Amonoo, H. L., & Bryant, C. (2021). Is self-compassion associated with sleep quality? A meta-analysis. *Mindfulness, 12*(1), 82–91. https://doi.org/10.1007/s12671-020-01498-0.

Coroiu, A., Kwakkenbos, L., Moran, C., Thombs, B., Albani, C., Bourkas, S., Zenger, M., Brahler, E., & Körner, A. (2018). Structural validation of the Self-Compassion Scale with a German general population sample. *PLOS ONE, 13*(2), Article e0190771. https://doi.org/10.1371/journal.pone.0190771.

Diener, E., Emmons, R. A., Larsen, R. J., & Griffin, S. (1985). The satisfaction with life scale. *Journal of Personality Assessment, 49*(1), 71–75. https://doi.org/10.1207/s15327752jpa4901_13.

Diener, E., Scollon, C. N., & Lucas, R. E. (2003). The evolving concept of subjective well-being: The multifaceted nature of happiness. *Advances in Cell Aging and Gerontology, 15*, 187–219. https://doi.org/10.1007/978-90-481-2354-4_4.

Dodson, S. J., & Heng, Y. T. (2021). Self-compassion in organizations: A review and future research agenda. *Journal of Organizational Behavior, 43*(2), 168–196. https://doi.org/10.1002/job.2556.

Fan, Y. C., Hsiao, F. H., & Hsieh, C. C. (2023). The effectiveness of compassion-based interventions among cancer patients: A systematic review and meta-analysis. *Palliative and Supportive Care, 21* (3), 534-546 https://doi.org/10.1017/s1478951522001316.

Germer, C., & Neff, K. D. (2021). *Achtsames Selbstmitgefühl unterrichten: Das Handbuch für die professionelle Arbeit.* Arbor.

Henschke, E. & Sedlmeier, P. (2023). What is Self-Love? Redefinition of a controversial construct. *The Humanist Psychologist,* 51 (3), 281–302. https://doi.org/10.1037/hum0000266

Hughes, M., Brown, S. L., Campbell, S., Dandy, S., & Cherry, M. G. (2021). Self-compassion and anxiety and depression in chronic physical illness populations: A systematic review. *Mindfulness, 12*(2), 1597–1610. https://doi.org/10.1007/s12671-021-01602-y.

James, W. (1890). *The principles of psychology.* Holt.

Jansen, P., & Hoja, S. (Hrsg.). (2020). *Glücklich durch Sport? Eine wissenschaftliche Betrachtungsweise.* Hogrefe.

Jansen, P., & Kunze, P. (2019). *Bildung braucht Liebe. Wie Heranwachsende auf ein sinnerfülltes Leben vorbereitet werden können.* Arbor.

Jefferson, F. A., Shires, A., & McAloon, J. (2020). Parenting self-compassion: A systematic review and meta-analysis. *Mindfulness, 11,* 2067–2088. https://doi.org/10.1007/s12671-020-01401-x.

Jordan, J. V., et al. (1991). Empathy, mutuality and therapeutic change: Clinical implications of a relational model. In J. V. Jordan (Hrsg.), *Women's growth in connection: Writings from the stone center* (S. 67–80). Guilford.

Kahnemann, D., & Deaton, A. (2010). High income improves evaluation of life but not of emotional well-being. *Proceedings of the national academy of science, 107*(38), 16489–16493. https://doi.org/10.1073/pnas.1011492107.

Kanji, N., White, A., & Ernst, E. (2006). Autogenic training to reduce anxiety in nursing students: Randomized controlled trial. *Journal of Advanced Nursing, 53*(6), 729–735. https://doi.org/10.1111/j.1365-2648.2006.03779.x.

Keyes, C. L. M (2002). The mental health continuum: From languishing to flourishing in life. *Journal of Health and Social Behavior, 43,* 207–222. https://psycnet.apa.org/doi/10.2307/3090197.

Kirschner, H., Kuyken, W., Wright, K., Roberts, H., Brejcha, C., & Karl, A. (2019). Soothing your heart and feeling connected: A new experimental paradigm to study the benefits of self-compassion. *Clinical Psychological Science, 7*(3), 545–565. https://doi.org/10.1177/2167702618812438.

Kotera, Y., & Van Gordon, W. (2021). Effects of self-compassion training on work-related well-being: A systematic review. *Frontiers in Psychology, 1,* 630798. https://doi.org/10.3389/fpsyg.2021.630798.

Krupnik, V. (2019). Trauma or adversity? *Traumatology, 25*(4), 256–261. https://doi.org/10.1037/trm0000169.

Lathren, C. R., Rao, S. S., Park, J., & Bluth, K. (2021). Self-compassion and current close interpersonal relationships: A scoping literature review. *Mindfulness, 12*(5), 1078–1093. https://doi.org/10.1007/s12671-020-01566-5.

Liao, K.Y.-H., Stead, G. B., & Liao, C.-Y. (2021). A meta-analysis of the relation between self-compassion and self-efficacy. *Mindfulness, 12*(8), 1878–1891. https://doi.org/10.1007/s12671-021-01626-4.

Luo, X., Che, X., Lei, Y., & l. & Li, H. (2021). Investigating the influence of self-compassion-focused interventions on posttraumatic stress: A systematic review and meta-analysis. *Mindfulness, 12*(12), 2865–2876. https://doi.org/10.1007/s12671-021-01732-3.

MacBeth, A., & Gumley, A. (2012). Exploring compassion: A meta-analysis of the association between self-compassion and psychopathology. *Clinical Psychological Review, 32,* 245–552. https://doi.org/10.1016/j.cpr.2012.06.003.

Miyagawa, Y., & Taniguchi, J. (2020). Self-compassion and time perception of past negative events. *Mindfulness, 11*, 746–755. https://doi.org/10.1007/s12671-019-01293-6.

Monti, A., Porciello, G., Panasiti, M. S., & Aglioti, S. M. (2022). The inside of me: Interoceptive constraints on the concept of self in neuroscience and clinical psychology. *Psychological Research, 86*(8), 2468–2477. https://doi.org/10.1007/s00426-021-01477-7.

Moritz, S. E., Feltz, D. L., Fahrbach, K. R., & Mack, D. E. (2000). The relation of self-efficacy measures to sport performance: A meta-analytic review. *Research Quarterly for Exercise and Sport, 71*(3), 280–294. https://doi.org/10.1080/02701367.2000.10608908.

Neff, K. (2003). Self-compassion: An alternative conceptualization of a healthy attitude toward oneself. *Self and Identity, 2*, 85–101. https://doi.org/10.1080/15298860309032.

Neff, K. (2021). *Fierce self-compassion*. Harper.

Neff, K, Tóth-Király, I., Knox, M. C., Kuchar, A., & Davidson, O. (2021b). The development and validation of the state self-compassion scale (long and short form). *Mindfulness, 12*(1), 121–140. https://doi.org/10.1007/s12671-020-01505-4.

Neff, K. (2022a). *Kraftvolles Selbstmitgefühl für Frauen: Klar für sich selbst einstehen, engagiert handeln und Erfüllung finden*. Kallash.

Neff, K. (2022b). The differential effects fallacy in the study of self-compassion: Misunderstanding the nature of bipolar continuums. *Mindfulness, 13*, 572–576. https://doi.org/10.1007/s12671-022-01832-8.

Neff, K. (2023). Self-compassion: Theory, method, research, and intervention. *Annual Review of Psychology, 74*, 7.1–7.26 https://doi.org/10.1146/annurev-psych-032420-031047.

Neff, K., & Germer, C. K. (2022). The role of selfcompassion in psychotherapy. *Official Journal of The World Psychiatric Association, 21*(1), 58. https://doi.org/10.1002/wps.20925.

Ressing, M., Blettner, M., & Klug, S. J. (2009). Systematische Übersichtsarbeiten und Metaanalysen. *Deutsches Ärzte-*

blatt, 106(27), 456–463. https://doi.org/10.3238/arztebl.2009.0456.

Richardson, C. M. E., Trusty, W. T., & George, K. A. (2020). Trainee wellness: Self-critical perfectionism, self-compassion, depression, and burnout among doctoral trainees in psychology. *Counselling Psychology Quarterly, 33*(2), 187–198. https://doi.org/10.1080/09515070.2018.1509839.

Ryff, C. D. (1989). Happiness is everything, or is it? Explorations on the meaning of psychological well-being. *Journal of Personality and Social Psychology, 57*(6), 1069–1081. https://doi.org/10.1037/0022-3514.57.6.1069.

Schotanus-Dijkstra, M., Pieterse, M. E., Drossaert, C. H., Westerhof, G. J., De Graaf, R., Ten Have, M., ... & Bohlmeijer, E. T. (2015). What factors are associated with flourishing? Results from a large representative national sample. *Journal of Happiness Studies, 17*(4), 1351–1370. https://doi.org/10.1007/s10902-015-9647-3.

Sherman, K. A., Przezdziecki, A., Alcorso, J., Kilby, C. J., Elder, E., Boyages, J., Koelmeyer, L., & Mackie, H. (2018). Reducing body image–related & distress in women with breast cancer using a structured online writing exercise: Results from the my changed body randomized controlled trial. *Journal of Clinical Oncology, 36*(19), 1930–1940. https://doi.org/10.1200/JCO.2017.76.3318.

Swami, V., Andersen, N., & Furnham, A. A. (2021). Bibliometric review of self-compassion research: Science mapping the literature, 1999 to 2020. *Mindfulness, 12*, 2117–2131. https://doi.org/10.1007/s12671-021-01662-0.

Turk, F., & Waller, G. (2020). Is self-compassion relevant to the pathology and treatment of eating and body image concerns? A systematic review and meta-analysis. *Clinical Psychology Review, 79*, 101856.https://doi.org/10.1016/j.cpr.2020.101856.

VanderWeele, T. J. (2017). On the promotion of human flourishing. *Proceedings of the National Academy Science, 114*(31), 8148–8156. https://doi.org/10.1073/pnas.1702996114.

Voci, A., Veneziani, C. A., & Fuochi, G. (2019). Relating mindfulness, heartfulness, and psychological well-being: The role of self-compassion and gratitude. *Mindfulness, 10*(2), 339–351. https://doi.org/10.1007/s12671-018-0978-0.

Wang, H., & Lou, X. (2022a). The correlation between self-compassion and life satisfaction varies across societal individualism-collectivism: A three-level meta-analysis. *Journal of Cross-Cultural Psychology, 53*(9), 1097–1116. https://doi.org/10.1177/00220221221109547.

Wang, H., & Lou, X. (2022b). A meta-analysis on the social relationship outcome of being compassionate towards oneself: The moderating role of individualism-collectivism. *Personality and Individual Differences, 184,* https://doi.org/10.1016/j.paid.2021.111162.

Watson, D., Clark, L. A., & Tellegen, A. (1988). Development and validation of brief measures of positive and negative affect: The PANAS scales. *Journal of Personality and Social Psychology, 54*(6), 1063–1070. https://doi.org/10.1037/0022-3514.54.6.1063.

Wilson, A. C., Mackintosh, K., Power, K., & Chan, S. W. Y. (2019). Effectiveness of self-compassion related therapies: A systematic review and meta-analysis. *Mindfulness, 10*(3), 979–995. https://doi.org/10.1007/s12671-018-1037-6.

Winders, S. J., Murphy, O., Looney, K., & O'Reilly, G. (2020). Self-compassion, trauma, and posttraumatic stress disorder: A systematic review. *Clinical Psychology & Psychotherapy, 27*(3), 300–329. https://doi.org/10.1002/cpp.2429.

Zessin, U., Dickhäuser, O., & Garbade, S. (2015). The relationship between self-compassion and well-being: A meta-analysis. *Applied Psychology: Health and Well-Being, 7*(3), 340–364. https://doi.org/10.1111/aphw.12051.

3

Wissenschaftliche Studien zum Selbstmitgefühl im Sport

Interessiert man sich für Selbstmitgefühl im Sport, muss man den Sportbegriff definieren und eingrenzen, was nicht so einfach ist (siehe Jansen et al., 2018). Sicherlich gilt, dass beim Wettkampf- oder Leistungssport die Leistung und das Streben nach dem Gewinn im Vordergrund stehen, während beim Breiten- oder Freizeitsport beispielsweise die körperliche Fitness oder der Spaß am Sport wichtig sind. Dennoch kann man auch im Freizeitsport in Krisen geraten, eben dann, wenn dieser auch ohne Wettkämpfe besonders wichtig für den Einzelnen oder die Einzelne ist. Wie kann Selbstmitgefühl nun helfen, im Sport mit Niederlagen und Krisen umzugehen?

Bei der Darstellung des wissenschaftlichen Forschungsstands beziehe ich mich auf zwei Scoping Reviews, das erste von Röthlin et al. (2019) und das andere von Cormier et al. (2023), das gerade erst erschienen ist. (Im Gegensatz zu systematischen Reviews sind Scoping Reviews explorativer und haben zum Ziel, Wissenslücken zu schließen und die Literatur einzugrenzen. Auch sie bedienen sich einer strengen und transparenten Methodik, Munn et al., 2018.) In der Übersichtsarbeit von Röthlin et al. (2019) werden 19 Studien in 17 Veröffentlichungen erwähnt, in denen Selbstmitgefühl im Sport untersucht wurde. Die Übersichtsarbeit beinhaltet Originalarbeiten mit Athleten und Athletinnen auf unterschiedlichem Wettkampfniveau. Die Analyse der Arbeiten machte unter anderem deutlich, dass mehr Interventionsstudien und Längsschnittstudien notwendig sind, sowie eine bessere theoretische Motivation für die Studien und die Einbeziehung von sozialen und persönlichen Variablen. Es zeigte sich aber auch, dass manche Athleten und Athletinnen zögern, Selbstmitgefühl anzuwenden. Das Review von Cormier et al. (2023) baut auf diesem Review auf, insgesamt konnten nun 69 Arbeiten identifiziert werden.

Abb. 3.1 verdeutlicht, dass die Anzahl der Publikationen über die Jahre hinweg zugenommen hat, mit der höchsten Anzahl publizierter Arbeiten bislang im Jahr 2021 (Stand Mai 2022).

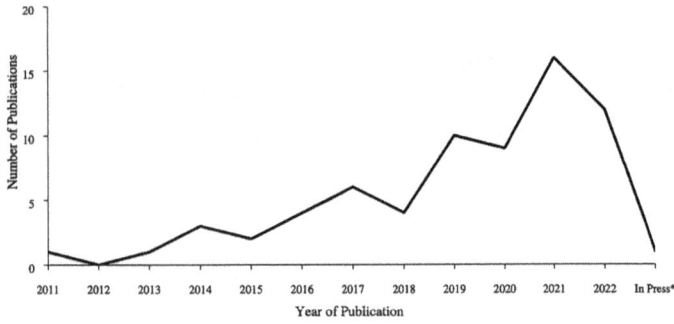

Abb. 3.1 Darstellung der steigenden Anzahl von Publikationen zum Thema Selbstmitgefühl im Sport. (Mit freundlicher Genehmigung aus Cormier et al., 2023)

Von den 69 Arbeiten aus dem Review von Cormier et al. (2023) nutzten 43 Arbeiten (63,3 %) eine quantitative Methode und bei 14,5 % der Arbeiten handelte es sich um Interventionsstudien.

3.1 Ist Selbstmitgefühl im Sport abhängig von der Sportart und dem Geschlecht?

Im Review von Cormier et al. (2023) sind 83,3 % aller Arbeiten dargestellt, die ein Querschnittsdesign nutzten. Ein Beispiel für diese Art des Designs ist es, wenn man das Selbstmitgefühl als Eigenschaft bei Athleten und Athletinnen unterschiedlicher Disziplinen untersucht. So konnten wir in unserer eigenen Arbeitsgruppe zeigen, dass Athletinnen höhere Werte in der negativen Skala des Selbstmitgefühls aufwiesen als Athleten. Außerdem hatten Athleten und Athletinnen, die einen Individualsport betreiben, höhere Werte (ebenfalls in der negativen Skala des Selbstmitgefühls) im Vergleich zu Fußballern und Fußballerinnen (Jansen et al., 2021). Dieses Ergebnis ist erstmal beschreibend und erklärt noch nicht sehr viel. Vielleicht könnte man es so interpretieren, dass ein Teamsport hilft, die Selbstverurteilung, das Gefühl der Isolation und die Überidentifikation zu verringern, aber natürlich ist dies nur eine Interpretationsmöglichkeit. Das Ergebnis ist auch nicht konsistent, da es mehrere Studien gibt, bei denen kein Unterschied im Selbstmitgefühl zwischen den Geschlechtern oder der Art des Sports (Individual- vs. Teamsport) aufgezeigt werden konnte: So untersuchten Ferguson et al. (2022) das Selbstmitgefühl bei 146 kanadischen Athleten und Athletinnen. Neben den oben erwähnten Erkenntnissen, dass es keinen Geschlechtsunterschied und auch keinen Unterschied zwischen Sportlern und Sportlerinnen aus Individual- und Teamsport gab, zeigte sich auch, dass Athleten und Athletinnen einer ästhetischen Sportart, z. B. Turnen, geringere Selbstmitgefühlswerte als Athleten und Athletinnen einer nicht ästhetischen Sportart, z. B. Fußball, hatten, und dass Athleten und Athletinnen, die auf lokaler Ebene Sport betreiben, höhere Werte besaßen als Sportler und Sportlerinnen, die ihren Sport auf Bundeslandebene, Landesebene oder auf international betreiben. Dieses Ergebnis kann als ein Zeichen gesehen werden, dass das Selbstmitgefühl geringer wird, je höher der Druck ist. Tatsächlich beschrieben die Teilnehmer und Teilnehmerinnen auch, dass ein negatives Verhalten von anderen hinderlich ist, Selbstmitgefühl zu entwickeln. Das ist z. B. dann der Fall, wenn andere sich nicht mitfühlend zeigen, wenn man einen Fehler begangen hat. Gerade im entscheidenden Elfmeterschießen beim Fußball kann man immer wieder beobachten, wie sich die Teamkollegen und -Teamkolleginnen verhalten, wenn ein wichtiger Elfmeter verschossen wird. Trösten sie den unglücklichen Schützen oder die unglückliche Schützin oder wenden sie sich ab? Ferguson et al. (2022) beschreiben auch, dass der Raum und die Zeit für Selbstmitgefühlsinterventionen begrenzt sind, und dass das Team oft wichtiger als der oder die Einzelne ist. Andere Athleten und Athletinnen beschreiben darüber hinaus, dass Selbstmitgefühl nicht verhindert wird, selbst wenn es nicht gefördert wird. Es scheint mehr oder weniger – jedenfalls bei den Befragten – egal zu sein!

3.2 Steht Selbstmitgefühl im Sport im Zusammenhang mit der sportlichen Leistungsfähigkeit?

In das Review von Cormier et al. (2023) wurden zehn Studien integriert, die den Zusammenhang zwischen Selbstmitgefühl und Leistung untersuchten. In sieben Arbeiten trat Selbstmitgefühl als eine wichtige Variable auf. Kilham et al. (2018) untersuchten, ob Selbstmitgefühl mit der wahrgenommenen sportlichen Leistung zusammenhängt. Darüber hinaus gingen sie der Frage nach, ob Selbstmitgefühl ein eigenständiger Faktor neben der Selbstkritik ist. An ihrer Befragung nahmen 82 Athletinnen unterschiedlichen sportlichen Leistungsniveaus und verschiedener Sportarten rund um einen Wettkampf teil. Es konnte gezeigt werden, dass Selbstmitgefühl mit der wahrgenommenen Leistung positiv zusammenhängt und negativ mit der eigenen Selbstkritik – je größer das Selbstmitgefühl, desto niedriger die Selbstkritik. Eine weitere Analyse zeigte, dass Selbstmitgefühl ein eigenständiger Faktor ist, wenn man die wahrgenommene sportliche Leistung erklären möchte. Die Arbeit ist dadurch limitiert, dass die wahrgenommene und nicht die objektive Leistung gemessen wurde, und Athletinnen unterschiedlicher Sportarten und eines unterschiedlichen Leistungslevels daran teilnahmen. In einer weiteren Studie wurde der Zusammenhang von physiologischen und psychologischen Faktoren zur Ausdauerleistung im Radfahren bei 25 Athleten und Athletinnen des schweizerischen U17-Nationalteams untersucht (Röthlin et al., 2023). Die Ergebnisse zeigten, dass eine größere physiologische Leistungsfähigkeit und eine höhere bestimmte Art der Motivation (achievement motivation) mit einer besseren Ausdauerleistung bei dieser Gruppe von Athleten und Athletinnen einhergehen, wobei die häufigere Nutzung einer Entspannungstechnik mit einer reduzierten Ausdauerleistung im Zusammenhang steht. Selbstmitgefühl zeigte keinen Zusammenhang. Das Kapitel ist sehr kurz und verdeutlicht die Forschungslücke. Während Selbstmitgefühl im Sport doch recht gut untersucht zu sein scheint, fehlen schlichtweg Arbeiten, die den Zusammenhang zur sportlichen Leistung untersuchen. Hier fehlt es auch an Interventionsstudien: Verbessert sich die sportliche Leistungsfähigkeit, wenn Athleten und Athletinnen über einen bestimmten Zeitraum an einer Selbstmitgefühlsintervention teilnehmen? Das ist ein Teil der generellen Frage, wie hoch der Anteil psychologischer Trainingsverfahren an der Leistungssteigerung denn überhaupt sein kann. Diese Frage kann nicht ganz einfach beantwortet werden, da es immer ein Zusammenspiel körperlicher und psychischer Prozesse ist. Der Zusammenhang zwischen Selbstmitgefühl und anderen psychologischen Variablen, von denen man weiß, dass sie im Sport eine bedeutende Rolle spielen, wurde hingegen gut untersucht.

3.3 Besteht ein Zusammenhang zwischen Selbstmitgefühl im Sport und anderen psychologischen im Sport relevanten Variablen?

Cormier et al. (2023) legen in ihrem Review dar, dass Selbstmitgefühl mit zahlreichen psychologischen Konzepten zusammenhängt, die im Sport eine adaptive oder maladaptive Funktion haben. Im Folgenden werden einige wenige ausgewählte Zusammenhänge erwähnt:

Bezogen auf die adaptiven psychologischen Verhaltensweisen zeigte sich z. B. ein Zusammenhang zur Körperwahrnehmung. Generell spielt die Körperwahrnehmung im Sport eine bedeutende Rolle. Es konnte z. B. gezeigt werden, dass Athleten und Athletinnen, die ihren Sport auf einem höheren Leistungsniveau betreiben, mit ihrem Körperbild weniger zufrieden sind (Varnes et al., 2013). Darüber hinaus zeigte sich jedoch auch, dass Selbstmitgefühl positiv mit dem Körperbild bei Athletinnen zusammenhängt (Adam et al., 2021). Athletinnen, die ein höheres Selbstmitgefühl zeigten, wiesen auch ein höheres eudaimonisches Wohlbefinden (siehe Kap. 2.1) auf (Ferguson et al., 2014). Zudem korrelierte Selbstmitgefühl mit der mentalen Gesundheit von Athleten und Athletinnen der *Nationalen Collegiate Athletic Association* (NCAA, Stamatis et al., 2020). Mentale Belastbarkeit ist auch ein wichtiges sportpsychologisches Konzept, das die Subkomponenten Vertrauen, Konstanz und Kontrolle beinhaltet (Sheard et al., 2009). Mentale Belastbarkeit hängt dabei positiv mit Selbstmitgefühl zusammen (Stamatis et al., 2020). Weiterhin zeigte die Forschung, dass Selbstmitgefühl helfen kann, mit Rückschlägen umzugehen (siehe Review von Cormier et al., 2023). Es gilt also auch im Sport: „Selbstmitgefühl hilft, mit Krisen im Sport umzugehen".

Bezogen auf den Zusammenhang von Selbstmitgefühl zu maladaptiven Funktionen im Sport zeigten sich negative Zusammenhänge zwischen Selbstmitgefühl und spezifischen Aspekten der Wettkampfangst, auch in unseren eigenen Arbeiten (Casali et al., 2022; Jansen et al., 2021). Ein negativer Zusammenhang bedeutet, dass je weniger die eine Variable, z. B. Selbstmitgefühl, ausgeprägt ist, desto mehr ist die andere (z. B. Wettkampfangst) ausgeprägt. Viele Sportler und Sportlerinnen haben noch das Bild vor Augen, dass Selbstkritik wichtig ist, um im Sport etwas zu erreichen. In einigen Studien zeigte sich jedoch, dass Selbstmitgefühl ein sehr wichtiger weiterer Baustein ist. So kann Selbstmitgefühl bezogen auf die Komponenten des psychologischen Wohlbefindens im Sport eine überdauernde und adaptive Eigenschaft haben (Ferguson et al., 2022). Vielleicht kann es jedem Athleten und jeder Athletin gelingen, die Selbstkritik in Selbstfreundlichkeit umzuwandeln, ohne Angst zu haben, einen Leistungsverlust zu erleiden.

3.4 Quo vadis – Selbstmitgefühlsforschung im Sport?

Auch wenn es tatsächlich schon sehr viele Arbeiten zum Thema Selbstmitgefühl im Sport gibt, und das Review von Cormier et al. (2023) gezeigt hat, dass diese in den letzten Jahren enorm zugenommen haben, gibt es doch auch viele Fragen, die offen bleiben. Zunächst einmal besteht die Frage nach der theoretischen Einbettung: Ist Selbstmitgefühl eine Voraussetzung oder eine moderierende Variable oder ein Endprodukt eines bestimmten Verhaltens? In der Forschung wurden alle drei Varianten untersucht. Darüber hinaus stellt sich natürlich auch die Frage, ob Selbstmitgefühl sportartspezifisch oder unabhängig von der ausgeführten Sportart, dem Geschlecht und dem Alter der Athleten und Athletinnen ist.

Eine Grundvoraussetzung für die empirische Arbeit ist, dass die Teilnehmer und Teilnehmerinnen freiwillig an der Studie teilnehmen. Hier zeigt sich eine Verzerrung, die aber nicht nur spezifisch für die Forschung zum Selbstmitgefühl ist: Nur Teilnehmer und Teilnehmerinnen, die zumindest nicht negativ gegenüber der Selbstmitgefühlsforschung im Sport eingestellt sind, werden an den Untersuchungen teilnehmen, egal ob sie der Interventions- oder Kontrollgruppe zugeordnet werden. Überhaupt fehlen Interventionsstudien, und manchmal ist nicht ganz klar, ob es sich bei den Interventionen um reine Interventionen zum Selbstmitgefühl handelt, oder ob diese Aspekte in anderen Interventionen, z. B. zur Achtsamkeit, eingebettet sind.

Eine weitere wichtige Frage wird auch die Frage nach der sprachlichen Einführung des Selbstmitgefühls sein. Ich habe es selbst erlebt, dass der Begriff bei im kompetitiven Sportgeschäft Aktiven erstmal zu Irritation führt und bestenfalls belächelt wird. Es muss auch verhindert werden, dass der Begriff dazu führt, dass die Sportler und Sportlerinnen denken, sie müssten sich nicht mehr anstrengen und könnten passiv sein, wenn sie Selbstmitgefühl praktizieren. Dies ist eben gerade nicht der Fall!

3.5 Zusammenfassung: Selbstmitgefühlsforschung im Sport

Die wissenschaftlichen Arbeiten zum Selbstmitgefühl im Sport haben in den letzten Jahren sehr zugenommen, längst ist Selbstmitgefühl im Sport, ebenso wie Achtsamkeit im Sport, kein esoterisches Thema mehr. Die meisten Arbeiten untersuchen einen Zusammenhang zu anderen psychologischen Variablen, seien sie positiv oder negativ, die im Sport wichtig sind. Trotz des wachsenden Interesses der sportpsychologischen Forschung am Konzept des Selbstmitgefühls fehlen noch viele Arbeiten, die die Wirkungsweise belegen, insbesondere eben auch

Interventionsstudien in unterschiedlichen Kontexten, d. h. bei Athleten und Athletinnen verschiedener Sportarten und Kulturkreise, sowie unterschiedlichen Alters und Wettkampfniveaus. Auch die Effektivität der Art der Intervention muss untersucht werden. Und damit stellt sich auch die Frage, welche Selbstmitgefühlsverfahren es überhaupt gibt. Einen Einblick gewährt das nächste Kapitel.

Literatur

Adam, M. E. K., Kowalski, K. C., Duckham, R., Ferguson, L. J., & Mosewich, A. D. (2021). Self-compassion plays a role in Canadian women athletes' body appreciation and intuitive eating: A mixed methods approach. *International Journal of Sport Psychology, 52(4),* 287–309. https://doi.org/10.7352/IJSP.2021.52.287.

Casali, N., Ghisi, M., Jansen, P., Feraco, T., & Meneghetti, C. (2022). What can affect competition anxiety in athletes? The role of self-compassion and repetitive negative thinking. *Psychological Reports, 125*(4), 2009–2028. https://doi.org/10.1177/00332941211017258.

Cormier, D. L., Kowalski, K. C., Ferguson, L. J., Mosewocj. A. D., McHugh, T.-L. F., & Röthlin, P. (2023). *International Review of Sport and Exercise Psychology.* https://doi.org/10.1080/1750984X.2022.2161064.

Ferguson, L. J., Kowalski, K. C., Mack, D. E., & Sabiston, C. M. (2014). Exploring self- compassion and eudaimonic well-being in young women athletes. *Journal of Sport and Exercise Psychology, 36*(2), 203–216. https://doi.org/10.1123/jsep.2013-0096.

Ferguson, L. J., Saini, S., & Adam, M. E. K. (2022). Safe space or high stakes environments: Comparing self-compassion in differing sport contexts in *Canada. International Journal of Sport Psychology,* 53(1), 1–24. https://doi.org/10.7352/IJSP.2022.53.001.

Jansen, P., Hoja, S., & Meneghetti, C. (2021). Does rumination and worry mediate the relationship between self-compassion and sport anxiety in female and male athletes of different kind of sports? *Cogent Psychology, 8*(1), 1909243. https://doi.org/10.1080/23311908.2021.1909243.

Jansen, P., Seidl, F., & Richter, S. (2018). *Achtsamkeit im Sport*. Springer.

Munn, Z., Peters, M. D. J., Stern, C., Tufanaru, C., McArthur, A., & Aromataris, E. (2018). Systematic review or scoping review? Guidance for authors when choosing between a systematic or scoping review approach. *BMC Medical Research Methodology, 18*, 143. https://doi.org/10.1186/s12874-018-0611-x.

Killham, M. E. K., Mosewich, A. D., Mack, D. E., Gunnell, K. E., & Ferguson, L. J. (2018). Women athletes' self-compassion, self-criticism, and perceived sport performance. *Sport, Exercise, and Performance Psychology, 7*(3), 297–307. https://doi.org/10.1037/spy0000127.

Röthlin, P., Horvath, S., & Birrer, D. (2019). Go soft or go home? A scoping review of empirical studies on the role of self-compassion in the competitive sport setting. *Current Issues in Sport Science, 4,* Article 013. https://doi.org/10.15203/CISS_2019.013.

Röthlin, P., Wyler, M., Müller, B., Zenger, N., Kellenberger, K., Wehrlin, J. P., Birrer, D., Lorenzetti, S., & Trösch, S. (2023). Body and mind? Exploring physiological and psychological factors to explain endurance performance in cycling. *European Journal of Sport Science, 23*(1), 101–108. https://doi.org/10.1080/17461391.2021.2018049.

Sheard, M., Golby, J., & van Wersch, A. (2009). Progress toward construct validation of the Sports Mental Toughness Questionnaire (SMTQ). *European Journal of Psychological Assessment, 25*(3), 186–193. https://doi.org/10.1027/1015-5759.25.3.186.

Stamatis, A., Deal, P. J., Morgan, G. B., Forsse, J. S., Papadakis, Z., McKinley-Barnard, S., Scudamore, E. M., & Koutakis, P. (2020). Can athletes be tough yet compassionate to themselves? Practical implications for NCAA mental health best practice no. 4. *PLOS ONE, 15*(12), Article e0244579. https://doi.org/10.1371/journal.pone.0244579.

Varnes, J. R., Stellefson, M. L., Janelle, C. M., Dorman, S. M., Dodd, V., & Miller, M. D. (2013). A systematic review of studies comparing body image concerns among female college athletes and non-athletes, 1997–2012. *Body Image, 10*(4), 421–432. https://doi.org/10.1016/j.bodyim.2013.06.001.

4

Die Selbstmitgefühlspraxis

Jetzt haben wir schon viel über die wissenschaftliche Evidenz von Selbstmitgefühl, sowohl im Allgemeinen als auch im Sport, gehört. Viele Arbeiten beziehen sich dabei auf die Eigenschaft des Selbstmitgefühls, weniger auf Interventionen, wie Selbstmitgefühl gelernt werden kann. In diesem Kapitel sollen Übungen zum Erlernen des Selbstmitgefühls dargestellt werden. Die beiden grundlegenden Werke für dieses Kapitel sind „Selbstmitgefühl – Das Übungsbuch" von Kristin Neff und Christopher Germer (2020) und „Achtsames Selbstmitgefühl unterrichten" von Christopher Germer und Kristin Neff (2021). Leser und Leserinnen, die sich mehr Informationen wünschen, seien auf die beiden oben genannten Bücher verwiesen. Christopher Germer und Kristin Neff unterscheiden zwischen der informellen Praxis, also Übungen, die gut im Alltag durchzuführen sind, und der formalen Praxis, z. B. Meditationen, die zu einem bestimmten Zeitpunkt und Ort für eine festgesetzte Dauer stattfinden.

Am Anfang habe ich bereits erwähnt, dass Selbstmitgefühl sanft und auch kraftvoll sein kann. Kristin Neff (2022) drückt dies so aus, dass Selbstmitgefühl eine YIN- und eine YANG-Komponente haben kann. Die YIN-Energie ist ruhig und sanft, wohingegen die YANG-Energie eher kraftvoll und zielorientiert ist. Ausgehend von diesen Energieformen lassen sich die Ausdrucksformen des Selbstmitgefühls wie folgt darstellen, siehe Tab. 4.1 (Neff, 2022, S. 50).

Auf den ersten Blick mag es ein wenig merkwürdig wirken, dass es von der sanften Form des Selbstmitgefühls nur eine Form gibt, während es vom kraftvollen Selbstmitgefühl drei Formen zu geben scheint. Aber dies liegt einfach daran, dass sanftes Selbstmitgefühl nichts anderes als liebevolle, verbindende Präsenz ist. In ihrem Buch von 2020 differenzieren Kristin Neff und Christopher Germer jedoch auch das sanfte Selbstmitgefühl noch in die drei Komponenten Beruhigen, Umsorgen und Bestätigen. Wie auch immer, ob sanftes Selbstmitgefühl noch differenziert werden sollte oder nicht, sanftes Selbstmitgefühl bedarf keiner irgendwie gearteten Aktion, sondern es ist „Dasein

Tab. 4.1 Ausdrucksformen des Selbstmitgefühls. (Aus Neff, 2022, S. 50).

Ausdrucksformen des Selbstmitgefühls			
Ziel	Freundlichkeit zu sich selbst	Geteilte Menschlichkeit	Achtsamkeit
Sanft (halten)	Liebe	Verbundenheit	Präsenz
Kraftvoll (beschützen)	Mut	Handlungsfähigkeit	Klarheit
Kraftvoll (versorgen)	Erfüllung	Ausbalanciertheit	Authentizität
Kraftvoll (motivieren)	Ermutigung	Verständnis	Weitblick

in Liebe sich selbst und anderen gegenüber" – wir brauchen nichts zu tun.

Ganz anders beim kraftvollen Selbstmitgefühl – wir handeln, um Leid zu mindern, und das kann eben ganz verschiedene Ausdrucksformen einnehmen: Wir können zunächst einmal deutlich sehen, was wir überhaupt brauchen, wir können dann den Mut aufbringen, etwas zu verändern. Wir können auch Verständnis für uns selbst aufbringen, wenn wir sehen, dass wir nicht allein mit unserem Leiden sind, und uns ermutigen, dieses oder jenes zu tun – „JA, ich schaffe das". Ausgehend von der YIN- und YANG-Komponente des Selbstmitgefühls oder – anders gesprochen – ausgehend vom sanften und vom kraftvollen Selbstmitgefühl geben Kristin Neff und Christopher Germer (2020) einen Überblick über die unterschiedlichen Übungen, die genutzt werden können, um verschiedenartige Aspekte des Selbstmitgefühls zu stärken (Abb. 4.1).

Im Folgenden sollen exemplarisch Übungen zu den drei Komponenten Selbstfreundlichkeit, gemeinsames Menschsein und Achtsamkeit dargestellt werden, dabei

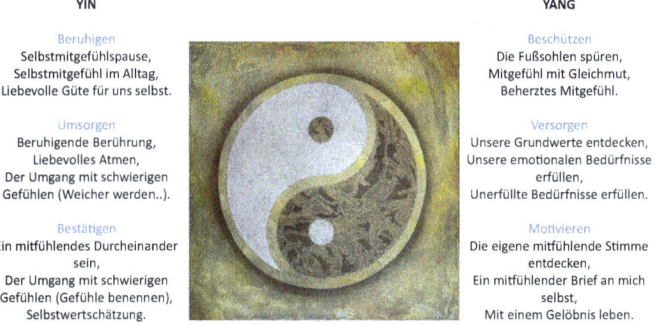

Abb. 4.1 Stärkung der verschiedenen Komponenten des Selbstmitgefühls. (In Anlehnung an Neff & Germer, 2020, S. 70, Yin-Yang Bild aus unsplash.com)

ist die Auswahl aus den oben genannten umfassenden Grundlagenwerken ganz subjektiv und in eigenen Worten, manchmal auf den Sportkontext bezogen, wiedergegeben. Viele der Übungen sind aus dem Buch von Germer und Neff (2020) entnommen bzw. übersetzt von der Homepage von Kristin Neff (https://self-compassion.org/category/exercises/) und für den Sportkontext adaptiert worden. Ich habe die Übungen nicht neu erfunden. Möchte man die Übungen anwenden, ist es wichtig, dass sich jeder Athlet und jede Athletin die Übungen zu eigen macht, mit den eigenen für sich passenden Worten.

Für viele dieser Übungen bietet es sich an, dass Sie sich einen ruhigen Platz oder einen Ort suchen, an dem Sie sich gerne aufhalten, und an dem Sie für einige Zeit Ruhe finden können. Bevor jedoch auf die einzelnen Facetten des Selbstmitgefühls eingegangen wird, möchte ich eine Übung vorstellen, die alle drei Facetten umfasst: die Selbstmitgefühlspause. Sie können sie zu jeder Gelegenheit machen, wenn Sie ein paar Minuten Zeit haben, besonders auch dann, wenn Sie „feststecken" und gerade nicht so viel funktionieren will.

4.1 Die Selbstmitgefühlspause

Bitte denken Sie an eine Zeit in Ihrer sportlichen Karriere, die von vielen Niederlagen und Rückschlägen geprägt war. Vielleicht mögen Sie sich an eine bestimmte Situation erinnern, die Ihnen noch heute im Gedächtnis geblieben ist? Der wichtige verschossene Elfmeter, die mangelnde Kraft für die letzten Kilometer beim Marathon, oder das Einfädeln bei einem wichtigen Slalom-Rennen. Wie hat sich diese Situation angefühlt? Welche Gedanken und Emotionen sind aufgetaucht? Wer hat was gesagt und wie haben Sie dies aufgenommen? Nehmen Sie sich ein wenig

4 Die Selbstmitgefühlspraxis

Zeit, das zu spüren. Die Selbstmitgefühlspause erinnert an die drei Komponenten des Selbstmitgefühls. Zu jeder dieser drei Komponenten werden Sätze formuliert.

Der erste Satz erinnert an das achtsame Bewusstsein, und an das, was gerade passiert. Sie können Sätze formulieren wie: „Das ist ein Augenblick, in dem ich leide." Oder: „Ohje, das ist echt schlecht gelaufen jetzt" oder vielleicht auch: „Mit dieser Entscheidung des Schiedsrichters kämpfe ich jetzt wirklich." Wählen Sie die Worte, die für Sie passen. Durch die Formulierung richten Sie Ihr Bewusstsein auf den Moment des Leidens.

Der zweite Satz, den Sie für sich formulieren können, könnte z. B. wie folgt lauten: „Diese Niederlage ist ein Teil des sportlichen Wettkampfs. Alle Athleten und Athletinnen erleben dies von Zeit zu Zeit." Finden Sie ihre eigenen Worte, um das gemeinsame Menschsein auszudrücken – vielleicht ist auch dieser Satz der richtige für Sie: „Es ist normal, sich im Sport so zu fühlen; anderen geht es auch so." Vielleicht ist die Stärke oder die Atmosphäre des Leidens unterschiedlich, aber alle Sportler und Sportlerinnen erleben dies ab und an. Bedenken Sie: Zum Leben gehört das Leiden in der ein oder anderen Form, der Sport ist nur ein Spiegel des gesamten Lebens.

Der dritte Satz, den Sie zu sich selbst sprechen mögen, könnte lauten: „Möge ich in diesem Moment freundlich zu mir sein." Oder auch: „Möge ich mir jetzt das geben, was ich brauche." Vielleicht möchten Sie auch eine beruhigende Berührung ausführen, wie z. B. die Hand auf Ihr Herz legen. Vielleicht möchten Sie auch einen Satz sprechen wie: „Möge ich mich annehmen, wie ich bin, manchmal klappt es auf der Laufbahn nicht so!" Oder auch, wenn Sie einen Gegner oder eine Gegnerin im Eifer stark gefoult haben und Sie das sehr beschäftigt: „Möge ich mir selbst für dieses schlimme Foul vergeben." Wenn Sie diese Sätze sagen, können Sie vielleicht die sanfte Berührung Ihrer Hände auf Ihrem Herzen und eine Wärme spüren. Mögen Sie freundlich und liebevoll zu sich selbst in dieser Situation sein. Das ist gelebte Selbstfreundlichkeit. Manchmal fällt es schwer, sich selbst gegenüber freundlich zu sein und die richtigen Worte zu finden. Dann bietet es sich an, sich in die Situation eines guten Freundes oder einer Freundin zu versetzen: Was würden Sie einem guten Freund oder einer guten Freundin sagen? Vielleicht: „Ich bin für Dich da!" Oder: „Das ist okay, ich sorge für Dich." Sie können sich auch bei Ihrem Vornamen ansprechen, etwa wie: „Petra, ich kümmere mich um Dich". Alles, was sich für Sie natürlich anfühlt, gut für sich in der Situation zu sorgen, dass Sie frei vom Leiden sind und sich wohl fühlen, ist richtig!

Und vielleicht mögen Sie am Schluss einen tiefen Atemzug nehmen, und spüren, wie sich Ihr Körper anfühlt und all das wahrnehmen, was Sie im Moment spüren. Es mag eine tiefe Ruhe, oder auch ein aufgewühltes Gefühl sein. Es ist gut, wie es im Moment ist.

Langsam können Sie sich nun von der Praxis lösen.

4.2 Übungen zur Selbstfreundlichkeit

4.2.1 Sich so behandeln, wie Sie einen guten Freund oder eine gute Freundin behandeln würden

Stellen Sie sich einmal vor, Ihr Freund kommt zu Ihnen und erzählt Ihnen folgende Geschichte: „Stell dir mal vor, was mir heute wieder passiert ist. Ich hatte in den letzten vier Wochen so hervorragende Trainingsleistungen, aber nun hat unser Trainer den Max auf der Position aufgestellt und nicht mich, ich bin fassungslos!" Was sagen Sie Ihrem Freund? Wahrscheinlich werden Sie **nicht** sagen: „Ja, aber das ist ja klar, vielleicht hattest Du bessere Trainingsleistungen, aber generell bist Du einfach viel unbegabter, weniger kreativ und überhaupt immer so negativ eingestellt. Und – findest Du nicht, dass Du in der letzten Zeit ein wenig zugenommen hast, sodass Deine gute Trainingsleistung nicht stabil sein kann? Und ist Dir nicht aufgefallen, dass Deine Teamkollegen eigentlich gar nicht mehr so viel mit Dir zu tun haben wollen? Hast Du das nicht bemerkt?" Sondern Sie werden vielleicht sagen: „Ach, das tut mir leid. Das verstehe ich gar nicht. Aber vielleicht hat er dafür taktische Gründe. Es ist schön, dass sich Deine Trainingsleistungen so verbessert haben. Bestimmt bist Du bei dem nächsten Spiel in der Anfangsmannschaft dabei."

Jetzt überlegen Sie bitte, welche Gedanken auftauchen, wenn Sie selbst in diese Situation geraten! Sie hatten in der letzten Zeit gute Trainingsleistungen und dennoch dürfen Sie nicht in der Startmannschaft sein: Was denken Sie? Sind es Gedanken der Selbstkritik als Gegenspieler der Selbstfreundlichkeit? Denken Sie: „Naja, kein Wunder, ich bin einfach generell nicht so gut" oder denken Sie: „Ach, wie schade. Der Trainer hat bestimmt seine Gründe. Beim nächsten Mal bin ich bestimmt von Anfang an dabei."? Der letzte Satz könnte als Aspekt des Beruhigens aufgefasst werden. Sie nehmen die Entscheidung nicht persönlich, sondern akzeptieren sie. Sie können nun auch in eine Handlung übergehen: Was brauchen Sie gerade jetzt, um mit dieser – in Ihren Augen – Niederlage umzugehen? Ist es vielleicht ein gutes Buch oder ein Essen mit einer Freundin? Was tut Ihnen gut? Das ist der Aspekt des Versorgens des kraftvollen Selbstmitgefühls. Vielleicht stellt sich ein Gefühl des Erfülltseins ein.

Im Folgenden finden Sie eine konkrete Anleitung:

Konkrete Anleitung 1: Das liebevolle Selbstgespräch

Der erste Punkt zu einem liebevollen Selbstgespräch ist es, sich des eigenen Selbstgesprächs bewusst zu werden. Oft ist es so, dass die selbstkritische Stimme so häufig redet, dass wir uns gar nicht bewusst sind, wie kritisch wir mit uns umgehen. Wann immer es im sportlichen Eifer nicht so klappt, wie Sie es sich vorgestellt haben, versuchen Sie, sich einmal bewusst zu werden, was Sie zu sich selbst sagen. Das kann ein Satz sein, der ganz automatisch und unbewusst kommt, vielleicht: „Ohje, schon wieder dieses Unvermögen beim Aufschlag." Oder: „Das war ja klar, ich bin einfach zu langsam, das wird auch nie mehr was". Und dann hören Sie doch bitte einmal auf Ihre Stimme: Wie ist der Ton? Ist er vielleicht harscher als sonst? Auch das ist uns oft gar nicht so bewusst. In der ersten Phase hin zu einem liebevollen Selbstgespräch geht es also darum, sich der inneren kritischen Stimme bewusst zu werden.

In der zweiten Phase geht es darum, der kritischen Stimme eine mitfühlende Komponente zuzuweisen. Sagen Sie zu Ihrem inneren Kritiker nicht: „Oh Du ekeliger Typ, da bist Du ja schon wieder!" Sagen Sie eher etwas wie: „Ich weiß, dass Du Dich nur um mich sorgst, dass ich im Wettkampf nicht mehr meine Leistung abrufen kann. Aber durch Deine Kritik verängstigst Du mich nur. Darf meine innere Stimme eigene Worte finden?"

In der dritten Phase können Sie nun die negativen Sätze so umformulieren, wie es sich für Sie gut fügt. Die innere Stimme ist nun da, um Sie zu unterstützen und der innere Kritiker wird zu einem inneren Unterstützer; Sie könnten vielleicht Folgendes sagen: „Ich möchte nicht, dass Du traurig und verzweifelt bist, weil der Wettkampf so unglücklich verlaufen ist. Wie kann ich Dir helfen, damit es beim nächsten Mal besser funktioniert? Ich möchte für Dich da sein, um etwas zu verändern!" Vielleicht ist es z. B. das Training, das verändert werden soll. Sie können die Worte mit mitfühlenden Gesten unterstützen, z. B. das Gesicht in Ihre Hände nehmen oder sanft über eine Hand streichen. Die Wärme, die erzeugt wird, unterstützt die mitfühlende Haltung.

Am Anfang mag es schwer sein, die richtigen mitfühlenden Worte zu finden. Dabei hilft es, sich vorzustellen, eine Freundin oder ein Freund würde diese Worte zu Ihnen sagen. Genießen Sie in Ihrer Vorstellung, wie Ihr Freund oder Ihre Freundin die Sätze zu Ihnen sagt. Spüren Sie die Wärme und das Wohlbehagen, die diese Worte bei Ihnen hinterlassen. Aber auch, wenn Ihnen diese Worte im Moment noch schwerfallen, dann ist das völlig in Ordnung. Eine mitfühlende innere Stimme zu finden, ist ein langer Weg, gerade im Sport, insbesondere im Leistungssport. Denn die Sichtweise, dass Mitgefühl verweichlicht und die Leistung einschränkt, hat sich oftmals in unseren Köpfen eingebrannt.

Konkrete Anleitung 2: Dein bester Freund und deine beste Freundin

Diese Empfehlung knüpft an die dritte Phase des vorherigen Tipps an. Es geht genau darum, sich das zu schenken, was man einem guten Freund und einer guten Freundin in einer schweren Zeit schenken würde, an Aufmerksamkeit, an Mitgefühl oder an bestimmten Gesten. Die Kunst besteht darin, das für sich richtige Mittel in der spezifischen Situation zu finden. Klingt zunächst banal, ist es aber nicht. Manchmal hilft es, sich selbst eine wärmende körperliche Geste zu schenken, um den Körper mehr zu spüren, manchmal ist es gut, sich liebevolle Sätze zu sagen, um das kognitive Mindset umzuprogrammieren und manchmal hilft es auch, die Wut über ein verlorenes Spiel herauszuschreien. Der wichtigste Satz, den es zu klären gilt, lautet also: „Was brauche ich jetzt in dieser Situation?"

Doch wie gelangt man zur Antwort auf diese Frage, gerade dann, wenn der Ärger über die schlechte Leistung oder die Enttäuschung darüber, dass die Rehabilitation doch viel länger dauert als angenommen, überwiegt? Eine Möglichkeit ist es, eine bekannte Methode aus der Achtsamkeitspraxis. anzuwenden, die STOP-Methode. STOP steht für S = *Stop* (Halte an), T = *Take a breath* (Nimm einen Atemzug), O = *Observe* (Beobachte, was passiert) and P = *Proceed* (Mache weiter). Diese kurze Intervention hilft Ihnen, innezuhalten und aus der Situation auszubrechen. Mit ein bisschen Übung werden Sie nicht mehr so von den eigenen Emotionen überschwemmt. Es gelingt Ihnen dann, das zu erkennen, was Steven Covey so beschrieben hat: „Zwischen Reiz und Reaktion liegt ein Raum. In diesem Raum liegt unsere Macht zur Wahl unserer Reaktion. In unserer Reaktion liegen unsere Entwicklung und unsere Freiheit (Covey et al., 2007)." Dieser Satz wird auch oft mit Viktor Frankl, einem bekannten Schweizer Psychiater und Psychotherapeut, in Verbindung gebracht. Viktor Frankl hat zweieinhalb Jahr lang in vier verschiedenen Konzentrationslagern gelebt. Auch wenn er diesen Satz so nicht wörtlich gesagt hat, entspricht er seinem Gedankengut. Eine Niederlage oder eine Verletzung ist in keiner Weise mit dieser dramatischen Lebenssituation zu vergleichen, aber das Muster bleibt dasselbe. Oft ist der Raum zwischen Reiz und Reaktion sehr klein, doch man kann ihn mit den Dingen, die einem in der Situation guttun, weiten und – wenn das schwerfällt – damit, wie man gerade jetzt einen Freund oder eine Freundin behandeln würde.

Oftmals ist es jedoch schwierig, in einer belastenden Situation direkt das passende Freundlichkeitsmittel zur Hand zu haben! Aus diesem Grund ist es sinnvoll zu üben, sich wie einen guten Freund zu behandeln. Kristin Neff gibt auf ihrer Homepage eine Anleitung hierzu, die hier abgewandelt wurde (https://self-compassion.org/exercise-1-treat-friend/).

1. Stellen Sie sich einen Freund oder eine Freundin vor, die gerade eine schmerzliche Verletzung erlitten hat und für den Rest der Saison ausfällt. Wie würden Sie mit Ihrem Freund oder Ihrer Freundin umgehen? Schreiben Sie bitte auf, wie Sie typischerweise reagieren, schreiben Sie aber auch auf, wie sich Ihr Körper anfühlt und wie der Ton Ihrer Stimme ist.
2. Nun denken Sie an die Zeit, in der Ihnen im Sport genau dasselbe passiert ist. Wie verhalten Sie sich dann typischerweise (z. B. Tennisschläger zerschlagen) und was sagt Ihre Stimme? Ist sie mitfühlend oder ist sie abwertend?
3. Können Sie einen Unterschied nicht nur kognitiv nachvollziehen, sondern auch spüren? Was ist es, was Sie dazu führt, sich ganz anders als einen Freund oder eine Freundin in derselben Situation zu behandeln? Vielleicht ist es eine Angst, zu verweichlichen, nicht mehr die Leistung zu bringen, die Sie bringen können?
4. Zum Schluss schreiben Sie auf, was Sie glauben, was sich verändert, wenn Sie sich selbst wie einen guten Freund behandeln würden. Vielleicht kommen Ihnen hier auch Ihre Ängste in den Sinn? Aber vielleicht ist das auch ein Punkt, der Sie zu etwas ganz anderem führt, nämlich zu Ihren Werten, die auch bei der Ausübung Ihres Sports eine Rolle spielen!

Vielleicht mag die Beziehung zu den eigenen Grundwerten zunächst nicht so ersichtlich erscheinen, doch die entscheidende Frage beim Selbstmitgefühl ist ja „Was brauche ich?" und diese Frage hängt natürlich entscheidend von den eigenen Werten ab. Christopher Germer und Kristin Neff (2020) zitieren in ihrem Buch

Thomas Merton, der die Bedeutung der Werte gut beschreibt:

> „Wenn Du mich kennen willst, frag nicht, wo ich lebe oder was ich gern esse oder wie ich mein Haar kämme, sondern frag mich, wofür ich lebe, genau im Einzelnen, und frag mich, was nach meiner Meinung mich davon abhält, völlig die Sache zu leben, für die ich leben will." (Germer & Neff, 2020, S. 442).

Mitgefühl praktizieren: Der innere Trainer, die innere Trainerin

Kristin Neff (2022, S. 280) berichtet in ihrem neuen Buch, wie sie mit jungen Basketballern zusammengearbeitet hat. Sie erzählte ihnen, dass viele Studien zeigen, dass es die Motivation stärkt, wenn man sich nach einem Fehler mitfühlend verhält. Und sie fragte die Basketballspieler, welchen Trainer sie in ihrem Kopf haben möchten: Jemanden, der sie anschreit oder jemanden, der mit ihnen mitfühlend umgeht?

Wie sieht Ihr innerer Trainer aus? Was wünschen Sie sich? Nehmen Sie sich einen ruhigen Augenblick und überlegen Sie, wie Sie sich Ihren inneren Trainer wünschen. Wahrscheinlich wird der Wunsch nach Mitgefühl präsent sein. Wenn es Ihnen gelingt, formulieren Sie konkrete Sätze, die für Ihren inneren Trainer, Ihre Trainerin passen würden, etwas wie: „Heute war das Training nicht so, wie Du Dir das gewünscht hast. Das ist normal, kein Tag ist wie der andere. Tue nun das für dich, was gut für dich ist. Morgen verläuft das Training sicherlich ganz anders, und wenn nicht, dann übermorgen!" Oder vielleicht auch: „Ich verstehe, dass Du traurig oder wütend bist, dass Du in dem entscheidenden Moment den

Fehler gemacht hast! Das passiert einfach, auch anderen im Team. Wir trainieren die Situation noch einmal, wenn es für Dich passt."

Spüren Sie die Ruhe, die von einem mitfühlenden Trainer, einer mitfühlenden Trainerin ausgeht.

Konkrete Anleitung: Sich mit Mitgefühl motivieren, etwas zu ändern
Diese Übung sollten Sie machen, wenn Sie gerne etwas verändern möchten. Dabei ist es aber wichtig, dass Sie die Übung nur machen, wenn Sie sich emotional stark fühlen. Vergessen werden sollte nie, dass es auch während einer Übung wichtig ist, gut für sich selbst zu sorgen, und Sie die Übung jederzeit abbrechen können, wenn sie auf irgendeine Art und Weise stressvoll ist. Wenn Sie sich bereit für diese Übung fühlen, dann nehmen Sie ein Blatt Papier und schreiben Sie auf, was Sie gerne im sportlichen Kontext ändern würden. Vielleicht würden Sie lieber jeden Tag noch mehr trainieren? Vielleicht möchten Sie die Trainingspartnerin wechseln, aber Sie trauen sich nicht, das zu sagen? Dann schreiben Sie bitte auf, wie Sie sich im Geiste selbst behandeln, wenn Sie wieder nicht genug trainiert haben. Was sagen Sie zu sich selbst? So etwas wie: „Oh man, Du Versager, Du hast es wieder nicht geschafft, mehr zu trainieren?" Wie fühlt sich beispielsweise die Enttäuschung über Ihr Verhalten in Ihrem Körper an? Fühlen Sie vielleicht einen Stein in Ihrem Herzen? Wenn Sie nach Ihren Empfindungen geforscht haben, dann fragen Sie sich, ob diese Kritik sinnvoll ist. Hilft die Kritik, etwas zu ändern? Vielleicht können Sie erkennen, dass die Kritik sinnvoll ist, denn durch sie lässt sich etwas ändern, vielleicht können Sie Dankbarkeit spüren. Allerdings geht es nun darum, das zu ändernde Verhalten freundlich – und nicht kritisch – zu betrachten. Denken Sie noch

einmal an das Verhalten, das Sie verändern wollen, und begegnen Sie dem Verhalten mit Mitgefühl oder auch mit einer mitfühlenden inneren Stimme. Sie könnten etwa sagen: „Ich sehe, dass das wenige Training Dich zurückwirft. Ich möchte aber, dass es Dir auch im Sport, der Dir so wichtig ist, gut geht. Deswegen möchte ich Dir helfen, etwas zu ändern. Was brauchst Du, damit es Dir gelingt, mehr zu trainieren?" Klar ist: Der Wunsch nach Veränderung ist weiter da, er wird bei dieser Formulierung aber in Fürsorge und positiver Motivation für sich selbst anstelle von Vorwürfen umgemünzt. Oftmals besteht leider noch das Vorurteil, dass nur ein harscher Umgang zu einer Verhaltensänderung oder einer Leistungsverbesserung führt. Das ist schlichtweg falsch!

4.3 Übungen zum gemeinsamen Menschsein

4.3.1 Sich daran erinnern, dass es vielen Teamkollegen und -kolleginnen so gehen mag wie Ihnen

Vielleicht erinnern Sie sich an eine große Niederlage, die Sie bei einem Wettkampf erlebt haben. Können Sie sich auch noch genau daran erinnern, wie es sich angefühlt hat, in diesem so wichtigen Wettkampf zu verlieren? Haben Sie sich allein gefühlt und haben Sie gedacht: „Diese Fehler passieren auch nur mir"? Wenn Sie sich an solch eine Situation erinnern, dann treten Sie doch einmal aus der Situation heraus. Versuchen Sie, sich aus der Perspektive eines Dritten zu betrachten. Vielleicht sehen

Sie dann, dass die Fehler, die Sie gemacht haben, gar nicht außergewöhnlich waren, sondern dass es Fehler waren, die schon viele bekannte Kollegen und Kolleginnen vor Ihnen ebenfalls gemacht haben. Sie mögen erkennen, dass es vielen Sportlern und Sportlerinnen so geht. Sie sind mit den Fehlern, die Sie gemacht haben, überhaupt nicht allein, sondern genau die Fehler passieren auch anderen! Beobachten Sie einmal, was mit Ihnen geschieht, wenn Sie sich vorstellen, dass Sie nicht allein sind. Fehler gehören zum Leben dazu. Es gibt Unternehmen, in denen Fehler direkt angesprochen werden, um aus ihnen zu lernen. Viele Wirtschaftsunternehmen haben eine positive Fehlerkultur, sie thematisieren Fehler bewusst, um aus ihnen zu lernen. Vielleicht hilft Ihnen der Gedanke, dass Fehler zum Menschsein gehören – und das Sportlerleben ist vom Menschsein nun mal nicht ausgeschlossen. Vielleicht können Sie beim nächsten Mal, wenn Sie eine Niederlage erfahren, sehen, dass dies völlig „normal" ist.

An dieser Stelle möchte ich aber auch auf einen Punkt zu sprechen kommen, der ganz wichtig ist! Vielleicht sagt Ihnen dieses gemeinsame Menschsein nichts, vielleicht sagen Sie sich auch: „Es ist mir egal, ob es anderen auch so geht! Das hilft mir nicht!" Das kann gut sein, und ist auch in keiner Weise abzuwerten. Dann ist das so. Letztendlich bedeutet Selbstmitgefühl auch, genau so für sich selbst zu sorgen, dass es gut für einen selbst ist. Vielleicht ist ein gutes Essen im Falle einer Niederlage für Sie an diesem Tag und Ort wertvoller als die Vorstellung, dass andere Sportler und Sportlerinnen dieselben Fehler machen. Damit kommen wir eigentlich schon zur dritten Komponente des Selbstmitgefühls, der Achtsamkeit.

4.4 Übungen zur Achtsamkeit

4.4.1 Präsenz im jetzigen Moment

Achtsamkeit bezeichnet die Fähigkeit, im jetzigen Moment nicht wertend präsent zu sein. Das klingt ganz einfach, doch seien wir mal ehrlich: Ist es wirklich so einfach? Wie oft driften wir mit unseren Gedanken ab und sind eigentlich gar nicht da, wo wir im Moment sind? Warum gelingt es uns oftmals nicht, genau da zu sein, wo wir sind? Unser Affengeist bringt uns immer wieder aus dem jetzigen Moment heraus. Die Präsenz im Moment lässt sich durch Meditation lernen. Je nach Ausrichtung gibt es verschiedene Formen der Meditation, so lassen sich z. B. aufmerksamkeitsfokussierte Formen von konstruktivistischen und dekonstruktivistischen (Dahl et al., 2015) unterscheiden. Zu den aufmerksamkeitsbasierten Formen gehören z. B. die *focused attention meditation* (FAM) und die *open monitoring meditation* (OMM). Bei FAM wird die Aufmerksamkeit auf etwas konkretes, z. B. den Atem, gelegt, während bei der open monitoring Meditationsform der Fokus in die Weite gelegt wird. Im Internet gibt es viele Beispiele für die unterschiedlichen Meditationsformen. Hier können keine Empfehlungen gegeben werden, was dem einen zusagt, ist für die andere nur schwer zu ertragen! Es gilt, das zu finden, was zu einem passt. Achtsamkeit zu praktizieren hilft dabei, dass die Gedanken keine Geschichte werden und somit die eigenen Handlungen immer wieder unbewusst beeinflussen. Vielleicht kennen Sie die Hammer-Geschichte von Paul Watzlawick? Wenn nicht, sei sie hier noch mal beschrieben:

> „Ein Mann will ein Bild aufhängen. Den Nagel hat er, nicht aber den Hammer. Der Nachbar hat einen. Also

beschließt unser Mann, hinüberzugehen und ihn auszuborgen. Doch da kommt ihm ein Zweifel: Was, wenn der Nachbar mir den Hammer nicht leihen will? Gestern schon grüßte er mich nur so flüchtig. Vielleicht war er in Eile. Vielleicht hat er die Eile nur vorgeschützt, und er hat was gegen mich. Und was? Ich habe ihm nichts getan; der bildet sich da etwas ein. Wenn jemand von mir ein Werkzeug borgen wollte, ich gäbe es ihm sofort. Und warum er nicht? Wie kann man einem Mitmenschen einen so einfachen Gefallen abschlagen? Leute wie dieser Kerl vergiften einem das Leben. Und dann bildet er sich noch ein, ich sei auf ihn angewiesen. Bloß weil er einen Hammer hat. Jetzt reicht's mir wirklich. – Und so stürmt er hinüber, läutet, der Nachbar öffnet, doch bevor er „Guten Tag" sagen kann, schreit ihn unser Mann an: 'Behalten Sie Ihren Hammer'." (Watzlawick, 2000, S. 37 ff.).

Genau so etwas geschieht, wenn wir nicht lernen, unseren Affengeist und unsere vielen Gedanken zu zähmen. Dann werden aus unseren Gedanken Geschichten und die Geschichten triggern unser weiteres Verhalten.

Sie fragen jetzt: „Was hat das mit mir und dem Sport zu tun?" Viel! Solche Geschichten erzählen wir uns ständig, auch im Sport und auf der Arbeit. Wie reimen uns etwas zusammen und eine Geschichte verselbständigt sich und beeinflusst unser Auftreten, im Training und im Wettkampf. Nehmen Sie ein Blatt und einen Stift und schreiben Sie auf, wann Ihnen so etwas passiert ist.

4.4.2 Präsenz im eigenen Körper

Für Sportler und Sportlerinnen ist der Körper immens wichtig. Wenn er nicht „funktioniert", ist die sportliche Leistung gleich verringert. Deswegen betrachten Athleten und Athletinnen den Körper oft durch eine funktionale

Brille und nehmen ihn nur unter dem Leistungsaspekt wahr. Bei der Achtsamkeit auf den Körper bezogen geht es darum, ihn so wahrzunehmen, wie er gerade im Moment ist, ohne jegliche Bewertung. Um dies zu lernen, wird häufig ein sogenannter Body-Scan durchgeführt, bei dem jeder Teil des Körpers nicht wertend wahrgenommen wird. Auch hierzu gibt es viele von Achtsamkeitslehrern und Achtsamkeitslehrerinnen angeleitete Versionen im Internet in unterschiedlicher Länge. Ein Skript für einen Body-Scan findet sich auch in unserem Buch „Achtsamkeit im Sport" auf den Seiten 169 ff. (Jansen et al., 2018). Vielleicht wollen Sie ja einmal ausprobieren, ob der Body-Scan eine Achtsamkeitsübung für Sie ist, die Sie mögen. Vielleicht fällt es aber gerade Ihnen auch schwer, den Körper nur zu beobachten und nicht zu bewerten. Hier gibt es kein richtig oder falsch, für manche Menschen ist der Body-Scan entspannend und passend, für andere wiederum ist er schlichtweg stressreich. Das Wichtigste bei all den Übungen ist es, die zu finden, die am besten zu Ihnen passen.

Achtsamkeit kann auch im Alltag in der informellen Praxis integriert werden. Achtsamkeit ist immer da, wenn man genau in dem Moment ist, in dem man eben ist – beim Zähneputzen, beim Spülen oder beim Training. Die Gedanken schweifen nicht ab. So kann Achtsamkeit in jedem Moment und an jedem Ort praktiziert werden.

4.5 Zusammenfassung: Übungen zum Selbstmitgefühl

Die Übungen zum Selbstmitgefühl sind vielfältig. In diesem Kapitel wurden sie nach den drei Aspekten Selbstfreundlichkeit, gemeinsames Menschsein und Achtsamkeit dargestellt. Eine Übung, die alle drei Aspekte einschließt, ist die Selbstmitgefühlspause. Bei dieser Übung werden drei Sätze formuliert, die an die drei Aspekte des Selbstmitgefühls erinnern. So kann ein Satz des achtsamen Bewusstseins wie folgt lauten: „Ich habe so schwere Beine, wenn ich an den nächsten Wettkampf denke und ich Angst habe, den gleichen Fehler noch einmal zu machen." Ein Satz des gemeinsamen Menschseins könnte lauten: „Viele meiner Teamkollegen und Teamkolleginnen fühlen sich in der Niederlage genauso, wie ich mich fühle." Ergänzt kann dies durch einen Satz der Selbstfreundlichkeit werden: „Möge ich mir jetzt genau das geben, wonach ich mich sehne." Vielleicht ist eine Handgeste hierbei unterstützend.

Literatur

Covey, S. R., Merril, R. A., & Merrill, R. R. (2007). Der Weg zum Wesentlichen. Campus.

Dahl, C. J., Lutz, A., & Davidson, R. J. (2015). Reconstructing and constructing the self. Cognitive mechanism in meditation practice. *Trends in Cognitive Science, 19*(9), 515–523. https://doi.org/10.1016/j.tics.2015.07.001.

Germer, C., & Neff, K. D. (2021). Achtsames Selbstmitgefühl unterrichten: Das Handbuch für die professionelle Arbeit. Arbor.

Jansen, P., Seidl, F., & Richter, S. (2018). *Achtsamkeit im Sport*. Springer.

Neff, K. (2022). *Kraftvolles Selbstmitgefühl für Frauen: Klar für sich selbst einstehen, engagiert handeln*. Kallash.

Neff, K., & Germer, C. K. (2020). *Selbstmitgefühl – Das Übungsbuch*. Arbor.

Watzlawick, P. (2000). *Anleitung zum Unglücklichsein* (21. Aufl.). Piper.

5

Alternativen: Weitere sportpsychologische Trainingsverfahren

Allgemein lässt sich bei den sportpsychologischen Trainingsverfahren zwischen Fertigkeitstraining und Selbstregulationstraining unterscheiden (Hänsel et al., 2016). Dabei zielt das Fertigkeitstraining auf die Verbesserung der sportlichen Leistung durch ein Vorstellungstraining, z. B. mentales Training, ab. Beim Selbstregulationstraining geht es um die Verbesserung des optimalen Einsatzes dieser Fertigkeit, hierzu gehören das Motivations- und das Psychoregulationstraining. Auch wenn der zuletzt genannte Begriff suggeriert, dass dieses Training auch in Krisenzeiten hilfreich sein mag, ist es doch für etwas anderes gedacht. Es geht darum, aktiv im eigenen Körper Vorgänge zu verändern, und diese zunehmend besser beherrschen zu können. Bei der Aktivierung soll der Athlet, die Athletin z. B. lernen, Anspannung aufzubauen, um beim Wettkampf leistungsfähig zu sein, oder sich zu entspannen, um eine gewisse Ausgeglichenheit z. B. in einer Regenerationsphase zu erreichen (Hänsel et al., 2016). Letztendlich geht

© Der/die Autor(en), exklusiv lizenziert an Springer-Verlag GmbH, DE, ein Teil von Springer Nature 2023
P. Jansen, *Selbstmitgefühl im Sport*,
https://doi.org/10.1007/978-3-662-67840-4_5

es aber immer um eine Leistungsoptimierung. Auch wenn die Trainingsverfahren meines Erachtens so verstanden werden, heißt das natürlich nicht, dass Elemente dieser Trainingsverfahren nicht auch in krisenhaften Situationen im Sport sinnvoll sein können. Aus diesem Grund werden hier vier bekannte Verfahren vorgestellt, die in krisenhaften Zeiten im Sport helfen können: die Progressive Muskelentspannung (PMR), das Autogene Training, das Achtsamkeitstraining und das Stressresistenztraining.

5.1 Progressive Muskelentspannung

Der Amerikaner Edmund Jacobson beschrieb in den 1920er-Jahren erstmals das Konzept der Progressiven Muskelentspannung. Im Prinzip beruht dieses Verfahren darauf, dass bestimmte Muskelgruppen zunächst angespannt und dann wieder entspannt werden. Die unterschiedlichen Varianten der Progressiven Muskelentspannung unterscheiden sich in der Entspannung der Muskelgruppen und in der Dauer der Entspannung- und Anspannungsphasen. Eine mögliche Version ist z. B., dass hintereinander verschiedene Muskelgruppen für 3–6 s angespannt werden, und dann für einen Zeitraum von 15–20 s wieder ganz entspannt werden. Am Ende wird die Aufmerksamkeit auf den gesamten Körper und in den umgebenden Raum gebracht (Hänsel et al., 2016).

Aber wie kann nun die Progressive Muskelentspannung in Krisenzeiten helfen? Es gibt wenige Studien, die die Wirkung der Progressiven Muskelentspannung im Sportkontext in den Mittelpunkt ihrer Untersuchung gestellt haben. In ihrem systematischen Review identifizieren Pelka et al. (2016) fünf Studien, die die Wirksamkeit einer PMR-Intervention auf unterschiedliche Variablen im Sportkontext untersuchten. Dabei unterscheiden sich die

5 Alternativen: Weitere sportpsychologische …

Untersuchungen hinsichtlich der abhängigen Variablen (z. B. Messung der Herzratenvariabilität oder des EMGs) und ob es sich um eine reine PMR-Intervention handelt oder ob diese mit einem anderen Entspannungsverfahren (z. B. Autogenes Training) kombiniert wurde.

In einer sehr frühen Arbeit (Pierce et al., 1993) zeigte sich, dass eine PMR-Intervention im Vergleich zu einer aktivierenden Intervention zu einer Reduktion der Muskelkraft führte. Hier war also ein Leistungsmaß die abhängige Variable. In einer jüngeren Studie konnte unter anderem gezeigt werden, dass eine PMR-Intervention bei Basketballspielern nur zu einer Reduktion in einem Fragebogenteil zu spezifischen Stressreduktionen im Sport (wie z. B. zu einem Defizit einer Erholungsphase) führte, nicht aber zu einer generellen Reduktion der somatischen Angst oder zu einer Erhöhung des Selbstvertrauens (Battaglini et al., 2022). In einer weiteren Studie fanden die Autoren und Autorinnen (Liang et al., 2021), dass sich eine PMR-Intervention positiv auf die sportliche Leistung auswirkte, und sich zu zwei Zeitpunkten ein positiver Gewinn im Selbstvertrauen bei der Interventions- im Vergleich zur Kontrollgruppe zeigte. In den Fragebögen, die sich auf das Angstverhalten bezogen, zeigte sich jedoch kein Unterschied. Eine Limitation der Studie ist sicherlich die geringe Stichprobenzahl von 14 Personen in der Interventionsgruppe und zehn Personen in der Kontrollgruppe. Generell lässt sich sagen, dass die Anwendung der Progressiven Muskelentspannungstechnik in der Sportpsychologie für die Überwindung von Krisen nicht gut untersucht ist, wohingegen sie in klinischen Studien mit Patientengruppen verschiedenartiger Erkrankungen viel besser untersucht ist. Progressive Muskelentspannung ist etwas ganz anderes als das Selbstmitgefühlstraining, aber vielleicht kann sie gerade bei Sportlern und Sportlerinnen als Basisübung dienen, um zunächst zur Ruhe zu kommen.

Das zweite sehr populäre Entspannungsverfahren ist sicherlich das Autogene Training.

5.2 Autogenes Training

Das Autogene Training geht auf den Psychiater Johannes Heinrich Schultz aus den 1930er-Jahren zurück. Es kann als eine Form der Selbsthypnose aufgefasst werden. Im Gegensatz zur Progressiven Muskelentspannung kommt man bei der Anwendung des Autogenen Trainings durch gedankliche Konzentration zur Ruhe (Neurologen und Psychiater im Netz, 2023). In der ersten Phase wird die körperliche Entspannung mit bestimmten Sätzen eingeleitet, z. B. mit dem Satz: „Mein Arm ist ganz schwer." Hier gibt es auch Wärmeübungen, Atemübungen oder eine Kopfübung. In der zweiten Phase fokussiert man sich auf die Generierung von Vorstellungsbildern, die in das Bewusstsein gelangen und reflektiert werden. Hänsel et al. (2016) beschreiben das Verfahren im Sportkontext als ein Verfahren, bei dem sich die Athleten und Athletinnen Erinnerungen ins Bewusstsein rufen, die in einer entspannenden Situation erfahren wurden. Ziel ist es, dass sich der Athlet oder die Athletin der eigenen angespannten Zustände bewusst wird, eine Grundvoraussetzung dafür, Spannungszustände überhaupt reduzieren zu können. Die instruierenden Sätze können auch ein Ankerwort enthalten, das im Wettkampf oder in wichtigen Situationen ins Gedächtnis gerufen werden kann und so zu einer bestimmten physiologischen Reaktion führt.

Die Wirksamkeit des Autogenen Trainings bei Patientengruppen mit unterschiedlichen Erkrankungen ist gut untersucht, in der Sportpsychologie findet sich meines Erachtens jedoch keine qualitativ hochwertige Studie, die die Wirksamkeit des Autogenen Trainings anhand einer großen Stichprobe im Vergleich zu einer aktiven Kontrollgruppe als eine Art Krisenintervention untersucht.

Ein weiteres Training, das auch als sportpsychologisches Training immer mehr anerkannt wird, ist das Achtsamkeitstraining. Wie bereits zu Beginn beschrieben, hat sich auf der einen Seite Achtsamkeit längst als eine sportpsychologische Methode bewährt, auf der anderen Seite ist Achtsamkeit auch ein Teil des Selbstmitgefühlstrainings. Häufig wird Achtsamkeitstraining im Sport dazu genutzt, eine bessere Aufmerksamkeitsfähigkeit zu erlangen, aber vielleicht hilft es auch dabei, mit emotionalen Schwierigkeiten umzugehen. Aufmerksamkeit hat Achtsamkeit im Leistungssport dadurch gewonnen, dass Spitzensportler und Spitzensportlerinnen während des Wettkampfs beispielsweise meditative Einheiten nutzen, so z. B. Malaika Mihambo, Weltmeisterin im Weitsprung, oder Novak Djokovic, oftmals 1. der ATP-Weltrangliste. Aber wie genau sieht ein etabliertes Achtsamkeitstraining im Sport aus?

5.3 Achtsamkeitstraining

Mittlerweile gibt es im Sportbereich standardisierte unterschiedliche Achtsamkeitsprogramme, die angewandt werden. Ein Ansatz, der nicht nur im Sportbereich angewandt wird, ist der Mindfulness-Acceptance-Commitment Approach (MAC et al., 2007). Dieser Ansatz umfasst die Module Psychoedukation, kognitive Diffusion, Werte-Identifizierung, Einführung der Akzeptanz, Einführung der Verpflichtung, Konsolidierung des Gelernten und Verstärkung der Praxis von Achtsamkeit, Akzeptanz und Verpflichtung. Ein weiteres etabliertes Programm ist das sogenannte Mindfulness-Sports Performance Enhancement (MSPE) (Kaufman et al., 2018).

Dieses Programm besteht aus den Modulen der Einführung der Achtsamkeit, der Stärkung der Achtsamkeit, dem Erkennen der körperlichen Belastungsgrenzen, der Umarmung dessen, was ist, und der Verkörperung und Etablierung der Achtsamkeit. Im deutschsprachigen Raum existiert das Mindful ᵉmotion Programm ein (Jansen et al., 2018), das sich am MBSR-Programm von Kabat-Zinn, an dem im Militär eingesetztem MMF-Training-Programm, an den Konzepten des Achtsamkeitstrainers George Mumford sowie an Konzepten und Übungen aus dem MAC-Programm orientiert. Die Anwendbarkeit dieses Programms wurde bislang in zwei Studien nachgewiesen, zum einen zeigte sich die Praktikabilität einer online-Version des Programms bei skandinavischen Leistungssportler und Leistungssportlerinnen (Herfet et al., 2023), zum anderen konnte eine Reduktion der Konzentrationskomponente im Wettkampfangstfragebogen gezeigt werden (Hoja & Jansen, 2019). Ein weiteres deutschsprachiges Programm ist das von Jekauc et al. (2022). Aufbauend auf Überlegungen zu den psychologischen Anforderungen im Leistungssport beruht das von ihnen konzipierte Achtsamkeitstraining auf den Säulen des Wertebewusstseins, der Wahrnehmung des eigenen Körpers und der eigenen Gedanken, des Bewusstseins der eigenen Wirkung, der Akzeptanz der eigenen Gefühle und Gedanken und dem Fokus auf das, was gerade geschieht. Als Wirkmechanismen des Achtsamkeitstrainings im Sport auf die verbesserte sportliche Leistungsfähigkeit sehen sie ein gesteigertes Flow-Erleben, eine verbesserte Emotionsregulation und eine höhere Konzentrationsfähigkeit (Jekauc & Kittler, 2015).

In einem systematischen Review haben Myall et al. (2023) die Arbeiten zusammengefasst, die sich mit dem Effekt von achtsamkeitsbasierten Programmen auf die mentale Gesundheit bei Leistungssportlern und Leistungssportlerinnen beschäftigen. Insgesamt konnten in die zusammenfassende Arbeit 12 randomisiert-kontrollierte Studien mit insgesamt 614 Athleten und Athletinnen eingeschlossen werden. Die Ergebnisse zeigen, dass die achtsamkeitsbasierten Programme im Sportbereich die mentale Gesundheit steigerten, insbesondere bezog sich das auf die Angst- und Stressreduktion und auf die Steigerung des Wohlbefindens. In nur drei der 12 Studien wurde der Effekt auf die Depression gemessen, in zwei der Studien zeigte sich eine Reduktion der Depressionsrate, diese beiden Studien folgten dem Protokoll des Mindfulness-based Stress Reduction Programms mit acht Sitzungen à 75–90 min. Die Autoren und Autorinnen schließen ihr Review mit den Worten, dass die Achtsamkeitspraxis fundamentale Fähigkeiten lehrt, die Athleten und Athletinnen helfen, die eigenen Gedanken, Gefühle und das Verhalten zu managen – mit dem Bedürfnis, die Probleme, die im Leistungssport auftreten, anzugehen.

5.4 Stressresistenztraining

Krisen im Sport führen bei Athleten und Athletinnen oft zu Stress, wenn man diesen Stress als unangenehmen Spannungszustand versteht (Zapf & Semmer, 2004), oder wie nach der Auffassung von Richard Lazarus, als einen Zustand, bei dem man bis an die Grenzen der eigenen Kapazitäten oder darüber hinaus gefordert ist. Aus diesem Grund ist ein weiteres Konzept aus der Sportpsychologie zu nennen, mit dem sich Athleten und Athletinnen für Krisen wappnen können, nämlich das Stressresistenztraining. Unter Stressresistenz versteht man individuelle Unterschiede, die stabil sind, und durch die ein Athlet oder eine Athletin in der Lage ist, „Stress jeglicher Art ohne Leistungseinbußen und ohne auffällige körperliche und psychische (emotionale) Symptome zu verkraften"

(Hansen, 1997, S. 43). Stressresistenztraining wird für Leistungssportler und Leistungssportlerinnen angeboten. Es beinhaltet klassische Elemente aus der kognitiven Verhaltenstherapie und der progressiven Muskelentspannung (Gerber, 2020). Stressresistenztrainings überschneiden sich demnach mit anderen sportpsychologischen Verfahren und unterscheiden sich innerhalb der Gruppe verschiedenartiger Trainings. Ein Stressresistenztraining für Leistungssportler und Leistungssportlerinnen wurde von Sallen und Richartz (2015) entwickelt. Es umfasst insgesamt zehn Einheiten, die von der Vermittlung des Wissens zur Stressentstehung, der Wahrnehmung von Stress, der Wahrnehmung und der Auswahl von Strategien zur Stressbewältigung, der Modifikation von stressrelevanten Einstellungen über die Reflexion des Selbstbilds und des Aufbaus des positiv-optimistischen Selbstbilds bis hin zur Entwicklung von Vorsätzen zur Pflege der Stressresistenz reichen.

5.5 Warum ein Selbstmitgefühlstraining?

Vielleicht wird sich der ein oder andere Leser, die ein oder andere Leserin fragen, warum man denn nun wirklich noch ein anderes sportpsychologisches Training braucht, wenn es bereits zahlreiche etablierte Verfahren gibt, die auch unterschiedliche Facetten bedienen. Die Frage ist sicherlich nicht unberechtigt, aber für mich lässt sie sich doch relativ einfach beantworten: Ein Selbstmitgefühlstraining geht mit einer gewissen Wärme und liebevollen Haltung sich selbst und anderen gegenüber (gemeinsames Menschsein) einher, ohne das Gewahrsein für den Körper außer Acht zu lassen. Dies steht bei den anderen Trainings niemals im Mittelpunkt, selbst wenn es vielleicht am Rande erwähnt wird. Um es anders auszudrücken: Das Selbstmitgefühlstraining ist ein Wendepunkt im Leistungssport, es zeigt, dass ein liebevoller Umgang mit sich selbst und anderen der Leistung nichts wegnimmt, sondern – ganz im Gegenteil – ihr etwas hinzufügt. Man muss nicht hart zu sich selbst und anderen sein, um zu gewinnen.

Meine persönliche Meinung ist, dass solche Dogmen langsam überholt sind. Das Selbstmitgefühlstraining im Sport bietet die Möglichkeit, eine neue Sichtweise des liebevollen Umgangs mit sich selbst und anderen in einer leistungsorientierten Umgebung zu etablieren und damit auch ein gesellschaftliches Zeichen zu setzen.

Aber natürlich darf man die Individualität des Einzelnen nicht vergessen! Vielleicht mag der ein oder andere Athlet, die eine oder andere Athletin sich mehr über den Kopf ansprechen lassen oder gelangt mit einem Entspannungsverfahren gut aus krisenhaften Situationen heraus. Jeder Einzelne, jede Einzelne mag das für ihn oder sie passende Verfahren finden, Selbstmitgefühlstraining erweitert die Palette der Verfahren.

5.6 Zusammenfassung: Weitere sportpsychologische Trainingsverfahren

Neben dem Selbstmitgefühlstraining gibt es natürlich andere etablierte sportpsychologische Trainingsverfahren, die beispielhaft in diesem Kapitel dargestellt wurden. Die Trainingsverfahren, die dem Selbstmitgefühlstraining am ähnlichsten sind, können unter dem Begriff des Selbstregulationstrainings subsumiert werden. Auch wenn sie zur Leistungsoptimierung gedacht sind, können sie dem

Athleten und der Athletin in krisenhaften Zeiten helfen. Zu diesen Verfahren gehören z. B. die Progressive Muskelentspannung, das Autogene Training, das Achtsamkeitstraining und das Stressresistenztraining. Am Ende bleibt die Frage, ob man ein weiteres sportpsychologisches Training wie das Selbstmitgefühlstraining tatsächlich benötigt. Für mich lautet die Antwort **Ja**, weil dieses Training mit einer warmherzigen und liebevollen Art einhergeht, die in den anderen Trainings zumindest nicht explizit genannt wird.

Literatur

Battaglini, M. P., Pessôa Filho, D. M., Calais, S. L., Miyazaki, M. C. O. S., Neiva, C. M., Espada, M. C., de Moraes, M. G., & Verardi, C. E. L. (2022). Analysis of progressive muscle relaxation on psychophysiological variables in basketball athletes. *International Journal of Environmental Research and Public Health, 19,* 17065. https://doi.org/10.3390/ijerph192417065.

Gardner, F. L., & Moore, Z. E. (2007). *The psychology of enhancing human performance: The mindfulness-acceptance-commitment (MAC) approach.* Springer Publishing Company.

Gerber, M. (2020). Sport, Stress und Gesundheit. In J. Schüler, M. Wegner, & H. Plessner (Hrsg.), *Sportpsychologie* (S. 581–606). Springer.

Hänsel, F., Baumgärtner, S. D., Kornmann, J. M., & Ennigkeit, F. (2016). *Sportpsychologie.* Springer.

Hansen, D. (1997). Auswahl von Jetpiloten – Stressresistenz, ein wichtiges Merkmal zur Auswahl hochbelasteten Personal. *Society of Exploration Geophysics, 4,* 43–45.

Herfet, M., De Dominicis, S., Seidl, F., & Jansen, P. (2023). Evaluation of the online sport specific *mindful emotions* program in a population of Scandinavian elite athletes measuring psychological parameters. *Scandinavian Journal of Sport and Exercise Psychology, 5,* 31-40. https://doi.org/10.7146/sjsep.v5i.133568

Hoja, S., & Jansen, P. (2019). Mindfulness intervention for tennis players: A pilot study. *BMJ Open Sports & Exercise Medicine, 5,* e000584. https://doi.org/10.1136/bmjsem-2019-000584.

Jansen, P., Seidl, F., & Richter, S. (2018). *Achtsamkeit im Sport.* Springer.

Jekauc, D., & Kittler, C. (2015). Achtsamkeit im Leistungssport. *Leistungssport, 45*(6), 19–23.

Jekauc, D., Mühlberger, L., & Weyland, S. (2022). *Achtsamkeitstraining im Sport.* Springer. https://doi.org/10.1007/978-3-662-65348-7_3.

Kaufman, K. A., Glass, C. R., & Pineau, T. R. (2018). *Mindful sport performance enhancement.* APA.

Liang, D., Chen, S., Zhang, W., Xu, K., Li, Y., Li, D., Cheng, H., Xiao, J., Wan, L., & Liu, C. (2021) Investigation of a progressive relaxation training intervention on precompetition. Anxiety and sports performance among collegiate student athletes. *Frontiers in Psychology, 11,* 617541. https://doi.org/10.3389/fpsyg.2020.617541.

Myall, K., Montero-Marin, J., Gorczynski, P., Kajee, N., Sheriff, R. S., Bernard, R., Harris, E., & Kuyken, W. (2023). Effect of mindfulness-based programmes on athletes mental health: A systematic review and meta-analysis. *British Journal of Sport Medicine, 57*(2), 99–108. https://doi.org/10.1136/bjsports-2022-105596.

Pelka, M., Heidari, J., Ferrauti, A., Meyer, T., Pfeiffer, M., & Kellmann, M. (2016). Relaxation techniques in sports: A systematic review on acute effects on performance. *Performance Enhancement & Health, 5*(2), 47–59. https://doi.org/10.1016/j.peh.2016.05.003.

Pierce, E. F., McGowan, R. W., Eastman, N. W., Aaron, J. G., & Lynn, T. D. (1993). Effects of progressive relaxation on maximal muscle strength and power. *Journal of Strength and Conditioning Research, 7*(4), 216–218.

Sallen, J., & Richartz, A. (2015). Training zur Verbesserung der Resistenz gegen chronischen Stress im Spitzensport: Entwicklung, Durchführung und Evaluation eines Gruppeninterventionsprogramms. In Bundesinstitut für Sportwissenschaft (Hrsg.), BISp-Jahrbuch Forschungsförderung 2013/14 (S. 193–198). Strauß.

Zapf, D., & Semmer, N. K. (2004). Stress und Gesundheit in Organisationen. In H. Schuler (Hrsg.), *Organisationspsychologie: Grundlagen und Personalpsychologie* (S. 1007–1112). Hogrefe.

6

Expertenmeinung zu Selbstmitgefühl im Sport

Auch wenn der wissenschaftliche Stand zu Selbstmitgefühl stetig weiter fortschreitet, scheint das Konzept bei vielen Menschen im kompetitiven Sport noch nicht sehr bekannt zu sein. In diesem Kapitel sollen aktive und nicht aktive Spitzensportler und -sportlerinnen, ein Sportpsychologe, ein Athlet der Special Olympics und ein Trainer im ambitionierten Amateurbereich zu Wort kommen. Sie erzählen von ihrem Umgang mit Krisen im Sport und ob sie meinen, dass die Selbstmitgefühlspraxis einen Mehrwert für sie haben könnte. Alle Interviews sind sehr unterschiedlich und machen einmal mehr deutlich, wie individuell jeder einzelne Weg, eben auch im Leistungssport, ist. Ganz besonders machen die Interviews aber auch deutlich, dass Krisen im Sport dazu gehören. Das verwundert nicht, denn Sport ist ein Teil des Lebens, in dem Hochs und Tiefs eine Rolle spielen.

© Der/die Autor(en), exklusiv lizenziert an Springer-Verlag GmbH, DE, ein Teil von Springer Nature 2023
P. Jansen, *Selbstmitgefühl im Sport,*
https://doi.org/10.1007/978-3-662-67840-4_6

6.1 Peggy Büchse-Dietrich, ehemalige Weltklasse-Langstreckenschwimmerin und Sportlehrerin

„Wenn ich mehr Mitgefühl mit mir gehabt hätte, hätte ich mich besser schützen können."

Peggy Büchse-Dietrich (51 Jahre) war eine der erfolgreichsten Langstreckenschwimmerinnen (5–25 km) Deutschlands. Zwischen 1998–2001 gewann sie bei Weltmeisterschaften zwei Goldmedaillen, zwei Silbermedaillen und zwei Bronzemedaillen, darüber hinaus fünf Goldmedaillen und eine Silbermedaille bei Europameisterschaften. In der Zeit von 1993–2001 wurde sie siebenmal Deutsche Meisterin über 5 km und sechsmal Deutsche Meisterin über 25 km. 2002 zog sie sich aus Enttäuschung darüber, dass die 10.000-Meter-Strecke keine Olympische Disziplin wurde, aus dem Wettkampfschwimmen zurück. Neben der Schwimmkarriere hat sie ein Studium der Sportwissenschaft und Erziehungswissenschaft abgeschlossen. Bis 2011 arbeitete sie als Dozentin für das Fach Schwimmen an der Universität Regensburg. Heute ist sie Lehrerin für Sport an einem Gymnasium in Augsburg, dort lebt sie auch mit ihrem Mann und den drei Söhnen.

PJ: Peggy, wir kennen uns aus der Zeit, in der Du in Regensburg warst. Mich interessiert, wie Du zum Schwimmsport gekommen bist, insbesondere zum Langstreckenschwimmen. Was hat Dich an dieser Sportart so fasziniert?

PBD: Sicherlich bin ich familiär vorbelastet, mein Großvater war schon Rettungsschwimmer, meine Mutter war als Schwimmerin auf der Sportschule. Durch meinen Großvater habe ich dann mit fünf Jahren schwimmen gelernt. Während das Brustschwimmen schwierig für mich zu erlernen war, konnte ich aber direkt kraulen. Mit ca. sechs Jahren bin ich in einen Verein gegangen, trainiert habe ich zwei-, dreimal die Woche. Man hat dann schnell das Talent gesehen. In meiner Altersklasse war ich bei kleinen Wettkämpfen immer die Beste. Mein Erfolg hat mich selbst angetrieben. So ging der Weg dann weiter: Mit elf Jahren bin ich auf die Kinder- und Jugendsportschule gekommen, ab der 5. Klasse hatten wir jeden Werktag zweimal Training, samstags einmal und sonntags war frei. Der Schwimmsport hat mein Leben bestimmt, ich habe in der Grundschulzeit nichts vermisst. Der Druck kam mit der Einschulung in die Sportschule: Es fing schon damit an, dass ich körperlich eigentlich zu klein für die Aufnahme war. Letztendlich haben sie mich nur genommen, weil ich so gut war. Auf dieser Schule in Rostock war ich bis zum Abitur, nach der Wende wurde es zum Christopherus-Gymnasium. Nach der Wende ist aber auch das System zusammengeschrumpft, sodass ich das Training heruntergefahren habe. Nachdem die Deutsche Einheit dann vollzogen wurde, habe ich immer noch bei den Beckenschwimm-Meisterschaften teilgenommen, war aber immer nur vierte oder fünfte. Da stand ich an einem Scheidepunkt! Mit solch einer Platzierung konnte man an keinem internationalen Wettkampf teilnehmen. Außerdem habe ich gleichzeitig eine Lehre im Hotelfach begonnen und auch da war der Leistungssport mit der Lehre nicht vereinbar. Parallel habe ich durch einen Trainingskameraden das Langstreckenschwimmen entdeckt. Der Erfolg stellte sich dann schnell ein: 1993 habe ich direkt die Erste Deutsche Meisterschaft in Fürth über 5 km gewonnen, es gab aber nur drei Teilnehmerinnen. Bei der anschließenden Europameisterschaft über 5 km wurde ich siebte. Dort habe ich aber auch die 25 km kennengelernt. Ich war gleich fasziniert davon, wie die Schwimmerinnen diese lange Strecke durchhielten. Einerseits war das für mich unvorstellbar, andererseits hat es mich total gereizt. Daraufhin habe ich auf die 25 km hintrainiert, und ich wurde dann bei der sich anschließenden Weltmeisterschaft in Italien siebte. Die ganze Atmosphäre hat mich so sehr fasziniert, dass ich gerne weiter machen wollte. Die Lehre habe ich gekündigt, dafür habe ich angefangen zu studieren. Ich wurde wieder so erfolgreich, und wir sind auf Weltcups nach beispielsweise Argentinien geflogen. Das Ganze hat mich sehr fasziniert. Ich habe das mit sehr viel Energie und sehr fokussiert betrieben.

Zusammenfassend kann man sagen, dass es eigentlich zwei Etappen in meinem Leistungssportleben sind: Die erste Etappe des Hochleistungssports in der DDR während meiner Kindheit und Jugend, die zweite Phase im Leistungssport im Langstreckenschwimmen nach der Wiedervereinigung.

PJ: Sicherlich ist nicht immer alles so glatt gelaufen im Leistungssport. Hast Du Krisen erlebt, oder was ist für Dich überhaupt eine Krise? Und wie hat sich diese dann angefühlt?

PBD: Da fallen mir zwei Ereignisse ein, aber ohne dieses Interview hätte ich es vielleicht gar nicht so benannt, dass es Krisen sind. Die erste schwierige Zeit war zu DDR-Zeiten mit dem Übergang in die offene Klasse im Alter von ca. 15 Jahren, damit einher ging auch das Training für die Olympiateilnahme. Da habe ich meine Leistungen nicht erbracht, sodass ich nicht an den Olympischen Spielen teilnehmen konnte. Für mich war das nicht so schlimm, aber mich hat erschüttert, wie andere mit meiner schlechten Leistung umgegangen sind, insbesondere mein Trainer. Dadurch habe ich mich wertlos gefühlt. Aber auch wenn ich das als Niederlage empfunden habe, habe ich nicht daran gezweifelt, weiter zu schwimmen. Klar, es hat was mit mir gemacht, was aber eher an den Reaktionen der Trainer lag. Da habe ich mich zum ersten Mal gefragt, warum ich eigentlich schwimme. Aber das

Schwimmen an sich und die ganze Struktur hat mir so viel gegeben, dass ich weiter gemacht habe. Ich habe aber versucht, mich anders zu motivieren, eben über das Langstreckenschwimmen später. Aber man muss schon sagen, dass es hart war, wenn Dich der Trainer dann links liegen lässt, wenn Du die Leistung nicht gebracht hast. Wenn ich mehr Mitgefühl mit mir gehabt hätte, hätte ich mich mehr schützen können. Ich habe mir oft selbst die Schuld gegeben.

Die zweite Krise war 1999 bei der Europameisterschaft in Istanbul, beim Langstreckenschwimmen. Ich war schon erfolgreich und wollte immer mehr. Bei den 5 km hatte ich schon gewonnen, ich wollte aber bei den 25 km auch noch eine weitere Medaille, wenn möglich natürlich Gold. Durch eine neue Regelung verlief das Rennen aber anders und ich musste nach 19 km aussteigen. Es war das erste Mal, dass ich ausgestiegen bin. Da hatte ich eindeutig eine Krise und habe ans Aufhören gedacht, zum ersten Mal. Die Krise bezog sich aber nur auf das Schwimmen, ich habe jetzt nicht mein ganzes Leben infrage gestellt. Ich glaube, da hat mir mein stabiles Familienumfeld geholfen, und ich hatte ja auch studiert, sodass ich dort ein anderes unterstützendes Umfeld hatte, wo es nicht nur um Sport ging. Dennoch musste ich mich wieder neu motivieren.

PJ: Was hat Dir geholfen, aus diesen Krisen herauszukommen?

PBD: Eine Strategie, die mir geholfen hat, war ganz pragmatisch: Ich habe die Strecke gewechselt und mich nur auf die 5 km und 10 km konzentriert, und mein Training umgestellt. Ich bin also eigentlich durch eine Umstellung des Trainings durch die Krise gekommen.

6 Expertenmeinung zu Selbstmitgefühl im Sport

Psychologische Methoden waren damals noch nicht bekannt. Wenn ich dann Anfang 2002 nicht aufgehört hätte, hätte ich da aber angesetzt, vielleicht auch bei der Ernährung. Mehr trainieren hätte ich nicht können! Ich habe dann nach meinem größten Erfolg 2001 bei der Weltmeisterschaft in Japan aufgehört. Wenn ich so zurück überlege, kann ich klar sagen, dass mir aus den Krisen die Liebe zum Schwimmen und die Liebe dazu, Erfolg zu haben, geholfen haben, ebenso wie die Motivation, das Beste aus dem Körper herauszuholen.

PJ: Du hast ja gerade selbst schon gesagt, dass Dir Mitgefühl für Dich selbst sehr geholfen hätte. Aber von Selbstmitgefühl hast Du noch nichts gehört. Selbstmitgefühl umfasst drei Facetten, nämlich die Selbstfreundlichkeit, bei der man sich selbst wie die beste Freundin behandelt, die Achtsamkeit, die es ermöglicht, nicht wertend im jetzigen Moment zu leben, und das gemeinsame Menschsein, bei dem man erkennt, dass es auch anderen Menschen so geht wie einem selbst. Glaubst Du, dass dies etwas ist, was in Krisen im Leistungssport helfen kann?

PBD: Ja klar, ich glaube, dass das helfen kann. Man hat sich selbst gesagt, dass es Schlimmeres gibt und dass es anderen auch so geht, das weiß man ja auch im Sport. Ich hatte auch kleinere Niederlagen, und man weiß ja dann auch aus Erfahrung, dass es wieder aufwärts geht. So ist es auch im Leben! Aber im Hochleistungssport zu DDR-Zeiten gab es sowas wie Mitgefühl, auch für sich selbst, nicht, sondern es galt eher das Gegenteil. So wurde ich geprägt. Ich habe das nie kennengelernt. Meine Art des Selbstmitgefühls war nicht so bewusst, aber dennoch gab es Zeiten, in denen ich auf mich geachtet habe und mich gefragt habe, was ich denn möchte. Möchte ich noch den Leistungssport Schwimmen betreiben? Und ich habe akzeptiert, dass es ein Auf und Ab gibt, und ich wusste auch, dass es anderen Sportler und Sportlerinnen so geht. Vielleicht gab es in mir etwas wie ein unbewusstes Selbstmitgefühl?

PJ: Du bist ja in das sportliche System der damaligen DDR hineingewachsen. Das war sicherlich nicht von Selbstmitgefühl geprägt. Wie hast Du das erlebt?

PBD: Als ich in dem System gelebt habe, habe ich das natürlich nicht so gesehen, es war einfach Alltag für mich, der mir mit 15 und 16 Jahren sicherlich auch nicht so gefallen hat. Das ganze DDR-System war in meiner Wahrnehmung so ausgelegt, dass die menschliche Persönlichkeit egal war, nur der Erfolg zählte. Wir wurden konditioniert zu funktionieren. Die nicht erfolgreichen Schwimmer und Schwimmerinnen waren den Trainern egal. Man war fremdbestimmt, das fing in der Kindheit schon an. Es gab viel Druck. Es wurde ganz klar vermittelt: „Wenn Du keine Leistung bringst, bist Du nichts wert." Vor allem meine Familie hat mich da aufgefangen. Meine Eltern und Geschwister haben mir gezeigt, dass sie mich unabhängig von den Leistungen im Sport akzeptieren und lieben. Aber von den Trainern wurde schon viele verbale und psychologische Gewalt angewandt. Man hat viel aus Angst gemacht, heute wäre das undenkbar. So bin ich im Leistungssport groß geworden. Aber auf der anderen Seite hatte man auch viele Freunde und der Zusammenhalt war gut. Wenn ich das heute so erzähle, merke ich, wie sehr mich das beschäftigt und wie viel eigentlich wieder hochkommt. Heute kann ich mir nicht vorstellen, wie das in einem System so funktionieren konnte. Ich habe gelernt, stark zu sein, aber es ist nicht so. Es hat in mir Spuren hinterlassen. Aber bei all dem darf man auch nicht vergessen, dass man eben dem System unterlegen war. So war es ja irgendwie auch klar, dass man von anderen erzogen wurde, es war ja damals ganz normal, dass die Mütter früh nach der Geburt des Kindes direkt wieder angefangen haben, lange zu arbeiten.

PJ: Was würdest Du Dir aus psychologischer Sicht im Leistungssport wünschen?

PBD: Ich arbeite heute ja nicht im Leistungssport und kann daher gar nicht genau sagen, wie es heute ist. Aber ich bin hoch allergisch gegen zu viel Druck. Selbstverständlich verfolge ich auch den Schwimmsport im Leistungssport und sehe, dass es nur vereinzelt Sportler und Sportlerinnen gibt, die es an die Weltspitze schaffen – und das schon seit Jahren. Es muss vieles zusammenkommen, dass man erfolgreich ist. So ist der Rahmen z. B. nicht optimal, damit meine ich die Vereinbarkeit von Schule/Ausbildung und Sport. Ich fände es wichtig, die Balance zwischen Motivation und Leistung zu finden und den Einzelnen dabei in den Mittelpunkt zu rücken. Aber das erfordert viel Zeit. Ich denke, dass es mittlerweile auch psychologische Betreuung gibt, wobei dies in anderen Ländern, z. B. den USA, schon viel länger etabliert ist. Der Leistungssport ist hier in Deutschland irgendwie immer ein schwieriges Thema, finde ich.

PJ: Danke Peggy, das bringt mich gleich zu meiner nächsten Frage. Heute bist Du Sportlehrerin an einem Gymnasium. Das hat wenig mit Leistungssport zu tun. Aber sicherlich erleben die Schüler und Schülerinnen

auch hier Niederlagen. Wie hilfst Du ihnen, damit umzugehen?

PBD: Erstmal ist für mich wichtig, die Kinder zu motivieren, dass sie sich Mühe geben, mitzumachen, und dass sie gerne neue Bewegungen lernen. Ich versuche, sie darin zu bestärken. Und wenn die Kinder merken, dass sie nicht so gut sind wie die Mitschüler und Mitschülerinnen, versuche ich, sie in ihren eigenen Fähigkeiten und in ihren eigenen Fortschritten zu bestärken. Ich sage z. B.: „Schau mal, letzte Woche konntest Du das nicht und jetzt hast Du Dich das schon getraut!" Ich rede einzeln mit den Schülern und Schülerinnen und ich gehe individuell auf sie ein, das finde ich ganz wichtig. So richtige Krisen gibt es aber im Schulsport in meinen Augen nicht, nicht so wie im Leistungssport.

PJ: Nun noch etwas Privates: Deine Jungs sind nun schon etwas größer! Machen sie auch intensiv Sport? Und was wünscht Du Dir noch für Deine Zukunft?

PBD: Die Jungs sind ganz unterschiedlich. Mein Ältester, jetzt 19, macht kaum Sport, obwohl ich ihn immer motiviert habe. Er engagiert sich in anderen Dingen. Der Mittlere, der jetzt zwölf Jahre alt ist, betreibt Leichtathletik und auch ihm scheinen längere Strecken zu liegen. Er ist echt ein Bewegungstalent. Der Jüngste, nun zehn, ist Hobbysportler. Im Gegensatz zu seinem Bruder möchte er sich aktuell nicht messen. Ich möchte unbedingt, dass es aus den Kindern selbst kommt, wenn sie Leistungssport betreiben. Ich werde niemanden dazu überreden oder drängen. Ich möchte meine Kinder nicht so beeinflussen, wie es meine Mutter früher bei mir gemacht hat. Sicherlich hat sie nur mein Bestes gewollt, da man in der DDR durch Erfolg im Leistungssport viele Privilegien erfahren hatte.

Meine Kinder sollen wirklich frei entscheiden können. Ich war die ganze Zeit so fremdbestimmt, das sollen meine Jungs nicht sein. Und ich sehe ja bei meinen eigenen drei Kindern, dass jedes Kind verschieden ist, der eine möchte sich messen, der andere nicht.

Für mich selbst würde ich mir wünschen, dass ich das Unterrichten an der Schule und an der Universität verbinden könnte. Beides habe ich ja kennenlernen dürfen, es unterscheidet sich, aber beides macht mir viel Spaß. Gerade in der Schule finde ich es eine Herausforderung, die Balance zu finden, die Leistung der Kinder zu benoten, sie aber auch für den Sport zu motivieren, damit sie die Erfahrung sammeln können, dass ihnen Sport guttut. Für mich ist die Leistung nicht das Wichtigste, sondern vielleicht eher, dass die nicht so sportlichen Kinder und Jugendliche ihren Fortschritt erkennen. Das ist das, was mich zufrieden macht. An der Uni sieht man die Fortschritte nicht so, aber hier steht das Fachliche im Vordergrund. Und natürlich wünsche ich mir für mich persönlich, gesund und fit durchs Leben zu kommen. Das schöne ist, dass ich nicht mehr das Gefühl habe, irgendwem etwas beweisen zu müssen, außer vielleicht mir selbst.

PJ: Liebe Peggy, vielen Dank für das bereichernde Interview, das ist ein sehr schönes Schlusswort.

6.2 Johannes Geitner, Universitätsdozent für die Ausbildung von Sportlehrkräften und Fußball-Trainer für den ambitionierten Amateurbereich

„Der Fußball sollte oder müsste allgemein geerdeter und menschlicher werden – mit weniger Egoismus und deutlich weniger übertriebener Selbstverherrlichung der einzelnen Personen."

Johannes Geitner (37 Jahre) ist wissenschaftlicher Mitarbeiter an der Universität Regensburg und für die Ausbildung der Sportlehrkräfte verantwortlich. Nach seinem Studium der Mathematik, Physik und Sport auf Lehramt sowie seinem Abschluss als Diplommathematiker und dem sich anschließenden Referendariat war er zehn Jahre in der Schule als Lehrer tätig. Nebenberuflich kam er im Jahre 2016 an die Universität zurück, um sich der Ausbildung von Lehrkräften zu widmen. Neben seiner universitären Tätigkeit ist Johannes Geitner seit einigen Jahren Fußballtrainer im Kinder- und Jugendbereich sowie seit zwei Jahren im ambitionierten Herren-Leistungsbereich in der fünften Liga tätig. Gerade hier interessiert mich, wie die ambitionierten Fußballspieler mit Krisen umgehen, und wie er ihnen als Trainer hilft.

PJ: Johannes, wir kennen uns ja aus der gemeinsamen Arbeit an der Universität gut. Mich interessiert aber eine ganz andere Seite, nämlich wie Du zu Deinem Trainerjob gekommen bist und was Dich so an der Arbeit fasziniert.

JG: Eigentlich ist diese Geschichte einfach erzählt. Als Kind und Jugendlicher habe ich Fußball bereits früh sehr zielorientiert auf einem Leistungsniveau betrieben und hatte dabei – wie andere natürlich auch – den Traum, irgendwann den Schritt in den Profibereich zu schaffen. Leider war und ist das Geschäft Fußball aber sehr speziell: Es geht manchmal nicht nur um Talent oder Leistung, trotz des Mannschaftscharakters herrscht ganz deutlich eine Ellenbogenmentalität. Häufig benötigt man im richtigen Moment auch ein wenig Glück. So war und ist das Trainieren oder Spielen unter Schmerzmitteln weit verbreitet und das kenne ich nur zu gut. Bei mir persönlich hat dann eigentlich doch relativ früh mein Körper nicht mehr mitgespielt. Wie weit es sonst als Spieler nach oben hätte gehen können, steht auf einem anderen Blatt. Trotzdem bin ich aber nie wirklich vom Fußball weggekommen, habe trotz einiger Verletzungen lange noch hobbymäßig gespielt und wirklich enge Freundschaften geschlossen. Und genau so ein enger und ebenfalls fußballverrückter Freund und ehemaliger Profifußballer hat mich dann dazu gebracht, mit ihm zusammen wieder etwas höherklassig in den Fußball einzusteigen. Heute bin ich ca. 20–30 h in der Woche mit Trainertätigkeiten (Vor- und Nachbereitungen, Planungen etc.) beschäftigt und unterwegs. Die Bezahlung dafür ist marginal, deswegen mache ich es bestimmt nicht. Es ist vielleicht diese Leidenschaft für Fußball, mit der ich aufgewachsen bin. Und es ist auch dieser Mannschaftssport, in dem man als Gemeinschaft zusammen vieles erlebt, der mich fasziniert.

PJ: Bestimmt sind „Deine" Fußballspieler auch ehrgeizig und enttäuscht, wenn es nicht so klappt! Erleben die Spieler auch Krisen? Und wie nimmst Du diese Krisen wahr?

JG: Absolut – einerseits hätten sie es ohne Ehrgeiz und Fleiß nicht in diesen Bereich geschafft. Andererseits gibt es natürlich verschiedenste Krisen – angefangen davon, wenn ein Spieler nicht die gewünschten Einsatzzeiten bekommt. Das ist fast wöchentlich der Fall, da in dem Leistungsbereich, den ich trainiere, eine Mannschaft normalerweise aus 20–25 Spielern besteht, aber nur elf Spieler davon in der Startelf stehen. Natürlich sind auch Verletzungen immer ein Thema, mit denen jeder Spieler anders umgeht. Und natürlich hat jeder Mensch und Spieler immer mal wieder mit persönlichen Situationen zu kämpfen, die er dann in seinen „Nebenjob" – denn wir sprechen hier vom bezahlten Amateursport – mitnimmt und die gegebenenfalls auch die Leistung beeinträchtigen. Erstaunlicherweise geht dies aber auch in die andere Richtung, sodass eine schwache Leistung mit in das Private hineinragt.

Insgesamt würde ich „den Fußballer" bzw. „die Fußballmannschaft" durch die verschiedensten Charaktere doch irgendwie als eine Art „fragiles Konstrukt" bezeichnen. Und dann muss man es genau beobachten und hinein hören. Dabei ist es ganz unterschiedlich, wie ich darauf aufmerksam werde: Manche Spieler öffnen sich im persönlichen Gespräch. Bei anderen fällt es vielleicht dadurch auf, dass sie die eigentliche Leistung nicht mehr erbringen, nicht mehr offen sind für neue Dinge oder z. B. über schwere Beine klagen. Ganz besonders deutlich wird dies teilweise zu bestimmten Zeiten, z. B. am Saisonende, wenn um den Abstieg gespielt wird. Ich habe das selbst erlebt, man ist die ganze Woche super fit, aber wenn der Schiedsrichter am Wochenende das Spiel anpfeift, werden die Beine auf einmal sehr schwer. Klar, das ist dann alles eine Kopfgeschichte! Aber selbst wenn mir das alles bewusst ist, glaube ich leider nicht, dass man als Trainer im (gehobenen) Amateurbereich von seinen Spielern immer alles mitbekommt.

PJ: Wie hilfst Du den Fußballspielern in der Krise?

JG: Ich habe keine sportpsychologische Ausbildung, ein wenig Wissen habe ich durch das Lehramtsstudium erworben. Zunächst einmal versuche ich, die Person in dem Fußballspieler zu erkennen. Es gibt auch keine pauschale Antwort, wie ich die Fußballspieler in der Krise unterstütze, es kommt natürlich auf die Situation und v. a. die Persönlichkeit bzw. den Charakter des Spielers an. Auf einer rein pragmatischen Ebene werden bei Verletzungen beispielsweise schon mal Kontakte zu Ärzten geknüpft oder Aufgaben für Sonderschichten verteilt, falls es am Fitnesszustand liegt. Viel komplexer ist es aber natürlich, wenn es sich nicht um körperliche Probleme handelt. Dann muss man erst einmal über Gespräche den Grund für die Krise herausfinden, um dann gemeinsam nach Lösungsstrategien zu suchen. Dann kann es schon mal vorkommen, dass man Spielern eine Auszeit ermöglicht oder sie beispielsweise als Schutz aus der Schusslinie nimmt, damit sie vielleicht auch anderweitig wieder Selbstvertrauen aufbauen. Denkbar wären beispielsweise auch im Training weniger taktische und zielorientierte Inhalte, um den Spaß und die Motivation wieder zu fördern. Dies ist irgendwie bizarr: Erfolg als Mannschaft in diesem Bereich beugt individuellen Krisen vor, gibt es zu viele individuelle „Krisen", setzt kaum ein mannschaftlicher Erfolg ein. Wenn ich nachdenke, habe ich eigentlich schon noch das Gefühl, dass das sportliche Training im Vordergrund meiner Arbeit steht, aber nur so lange, wie die Psyche des einzelnen Spielers und der gesamten Mannschaft stimmt. Aber auch daran ist es wichtig, etwa durch viele Gespräche, genauso im wöchentlichen Training zu arbeiten wie an den eigentlichen taktischen Inhalten.

PJ: Wahrscheinlich hast Du von Selbstmitgefühl noch nichts gehört. Selbstmitgefühl umfasst drei Facetten, nämlich die Selbstfreundlichkeit, bei der man sich selbst wie den besten Freund behandelt, die Achtsamkeit, die es ermöglicht, nicht wertend im jetzigen Moment zu leben und das gemeinsame Menschsein, bei dem man erkennt, dass es auch anderen Menschen so geht wie einem selbst. Glaubst Du, dass dies etwas ist, was in Krisen im ambitionierten Amateursport helfen kann?

JG: Grundsätzlich ist der Bereich Fußball – wie eingangs bereits erwähnt – sehr speziell. Und eines vorneweg: Auch wenn es sich um eine Mannschaftssportart handelt, agieren die handelnden Personen als Individuen und sind – wenn man ehrlich ist – Egoisten. Manche davon extrem ausgebildet und insgesamt prozentual wohl deutlich mehr als im Mittel der Gesellschaft. Und dann kann ich mir schon vorstellen, dass etwa bei Verletzungen oder Konflikten, aber auch bei gruppendynamischen Strömungen, die dann häufig auf besagtem Egoismus beruhen, eine Sensibilisierung im Bereich der Achtsamkeit oder der verbindenden Menschlichkeit hilfreich sein kann. Dies funktioniert aber allerhöchstens dann, wenn die Sportler reflektiert und offen genug dafür sind. Wir machen zum Beispiel häufig Videoanalysen mit unseren Spielern und schauen uns die Fehler an. Da ist es so, dass einige Spieler ihre Fehler überhaupt nicht wahrnehmen, sondern immer nur die Fehler der anderen sehen und suchen! Hier fehlt es einfach an der Selbstreflexion, die doch erstmal sehr wichtig ist, um Selbstmitgefühl praktizieren zu können. Und ich glaube, es funktioniert nicht, wenn das Konzept so aufgeplustert eingeführt wird! Wenn ich zu meinen Spielern sagen würde, heute integrieren wir einmal Selbstmitgefühl im Training, würden meine Spieler, die alle junge Männer sind, denken: „Womit kommt er jetzt daher, wir müssen an taktischen Abläufen arbeiten."

Ich glaube, dass es besser wäre, es unterschwellig einzuführen. Die verbindende Menschlichkeit bezieht sich beim Selbstmitgefühl darauf, dass man sich in den Krisen nicht so allein fühlt, weil es anderen auch so gegangen ist. Dafür halte ich es für enorm wichtig, dass man generell eine echte Verbindung in der Mannschaft spürt. Deswegen finde ich es auch richtig gut, dass z. B. Jürgen Klopp Teamevents veranstaltet, um die gesamte Mannschaft und die Mitarbeiter zusammenzubringen, auch wenn man es vielleicht nie zu 100 % von außen erzwingen kann.

PJ: Wie erlebst Du den ambitionierten Amateursport im Allgemeinen? Herrschen da viel Druck und Härte?

JG: Ja und nein. Irgendwie ist es auch ein gesellschaftliches Problem. Und einerseits ja – manche Sportler verfolgen immer noch ihren Traum, wollen noch weiter nach oben und setzen sich somit selbst unter Druck. Das geht ja schon im Jugendbereich in den sogenannten Nachwuchs-Leistungs-Zentren los. Hier werden immer wieder Spieler aussortiert – und das ist natürlich prägend. Dann ist es leider auch ganz normal, dass z. B. mit Schmerztabletten gespielt oder trainiert wird, um den Platz in der Stammelf nicht zu verlieren. Natürlich spielt auch die Situation des Vereins mit rein. Da – auch wenn gering – Gelder fließen, wird ein Stück weit der Erfolg gefordert, sodass hier ein natürlicher Druck entsteht.

Andererseits spielen viele Spieler, weil der Fußball ihre große Leidenschaft ist und sie in einem minimalen Rampenlicht zeigen können, was in ihnen steckt. Oder sie finanzieren sich beispielsweise ihr Studium damit oder lassen ihre Karriere ausklingen. Insgesamt ist natürlich Druck vorhanden – mehr als man als Außenstehender vielleicht glaubt. Am Ende des Tages ist Fußball ein Ergebnissport. Es kommt aber auch darauf an, wie viel Druck man sich selbst macht bzw. an sich ranlässt. Und man darf auch nicht vergessen, dass es eben sehr von der Situation abhängig ist! Wenn bei einem Meisterschaftsspiel mal

1000 anstelle von 200 Zuschauer da sind, dann ist da schon mehr Druck.

PJ: Müsste sich Deiner Meinung nach etwas ändern? Und wenn ja, was? Oder ist eigentlich alles gut so, wie es ist?

JG: Finde ich schon: Der Fußball sollte oder müsste allgemein geerdeter und menschlicher werden – mit weniger Egoismus und deutlich weniger übertriebener Selbstverherrlichung der einzelnen Personen und weniger zerfressenem Ehrgeiz, auch von außen. Ich finde es ganz schrecklich, wenn Eltern im Kinderbereich streiten, welches Kind jetzt für einen Fehler verantwortlich war und die Schuld beim anderen Kind suchen – das spiegelt aber, wie ich finde, auch unsere Gesellschaft wider. Oder wenn Zuschauer – egal ob im Hobby-, Amateur- oder Profibereich – Spieler, Schiedsrichter oder Funktionäre auf die massivste Art und Weise beleidigen und keinerlei Wertschätzung der Person oder deren Leistung entgegenbringen. Wobei ich niemandem die Emotionen nehmen möchte, denn die gehören einfach zum Fußball dazu. Aber manchmal habe ich das Gefühl, dass manche 5 oder 8 € Eintritt bezahlen, um all ihren Frust herauszulassen. Ich verstehe ja, dass man emotional reagiert, aber muss es immer beleidigend sein? Ich finde nicht! Beim Biathlon beispielsweise werden auch die Sportler und Sportlerinnen aus anderen Nationen angefeuert.

PJ: Ich würde nochmal gerne auf den Schulsport zu sprechen kommen. Da gibt es ja eigentlich nicht so richtige Leistungskrisen, oder?

JG: Krisen vielleicht nicht so richtig, aber gute Sportler und Sportlerinnen sind schon enttäuscht, wenn mal etwas nicht so gelingt, und sie dann eine schlechte Note bekommen und besonders dann, wenn es exponiert dargestellt wurde. Und natürlich ist Mobbing ein ganz großes Thema an Schulen. Der Sport ist ja da auch sehr exponiert, weil man es da deutlicher sieht. Und es gibt viele versteckte Situationen, die man als Lehrkraft gar nicht so wahrnehmen kann, in der Umkleide, im Spiel, wenn man neben jemanden steht, usw. Man muss als Lehrkraft Situationen und Organisationsformen finden, die das Mobbing weniger befeuern.

PJ: Wäre denn da eine Praxis des Selbstmitgefühls im Schulalltag nicht zielführend? Dass jeder, wenn er sich schlecht behandelt fühlt, sich selbst mitfühlend betrachten kann?

JG: Ja, in einer deutlich abgeschwächten Form findet das teilweise auch im Rahmen von Reflexionsrunden statt, in der gegebenenfalls solche Themen angesprochen werden. Aber natürlich nur punktuell. Ganz konkret wird man aber meist eine emotionale Krise im Sportunterricht nur besprechen, wenn eine Situation direkt auftritt. Ob da das Konzept des Selbstmitgefühls zielführend ist, das weiß ich nicht, dazu habe ich leider keine Erfahrung. Es klingt jedenfalls sinnvoll und gut!

PJ: Lieber Johannes, vielen Dank für das spannende Interview!

6.3 Louis Kleemeyer, Tennisspieler und Inklusionsmentor

„Wir lernen bei Special Olympics, viel mehr auf die anderen zu achten, rechts und links von Dir, und es wäre gut, wenn wir das in die Arbeitswelt übertragen könnten."

Louis Kleemeyer (22 Jahre) ist Tennisspieler, Inklusionsmentor und Botschafter der Special Olympics World Games 2023 in Berlin. Louis hat seit Geburt durch einen Sauerstoffmangel eine körperliche und geistige Behinderung. 2022 schloss er eine IT-Ausbildung ab und gründete danach die Online-Plattform *Unique United* von Menschen mit Behinderung für Menschen mit Behinderung. Nebenbei ist er Mentor für Inklusion bei den

Special Olympics World Games 2023 in Berlin. Als Selbst-Betroffener gestaltet er das Festival, das Kulturprogramm und die Athleten Party mit, um inklusiven Performern eine Bühne zu bieten. Louis berät darüber hinaus Unternehmen, die eine inklusive Arbeitswelt etablieren wollen.

Louis ist Tennisspieler und hat bei internationalen und nationalen Meisterschaften zahlreiche (ca. 40) Medaillen gewonnen. In diesem Interview interessiert mich besonders, etwas über Louis' sportliche Laufbahn zu erfahren.

PJ: Louis, vielen Dank erstmal, dass ich etwas über Deine sportliche Karriere schreiben darf. Du warst ja schon sehr erfolgreich! Seit wann spielst Du Tennis und was fasziniert Dich am Tennis?

LK: Ich habe mit acht Jahren begonnen, Tennis im Neusser Tennisclub Stadtwald zu spielen. Dieser Verein hat einen Bereich für Inklusion. Das ist auch ganz schön, meine ganze Familie spielt Tennis. Ich habe noch einen Bruder, 24 Jahre, mit ihm spiele ich oft ein Doppel, das ist dann gelebte Inklusion. Ich finde am Tennis so cool, dass man es relativ schnell spielen kann. Man braucht nur einen Gegner oder Mitspieler und dann kann man loslegen. Das ist halt bei vielen anderen Sportarten, z. B. Basketball, nicht so, da braucht man immer gleich ein ganzes Team. Beim Tennis kann man mit dem eigenen Tempo alles steuern. Es ist eine coole Sportart, die man schnell erfolgreich erlernen kann. Besonders dann, wenn man einen Trainer oder eine Trainerin hat, der oder die sich auf die Bedürfnisse der Spieler und Spielerinnen einlässt. Unser Trainer hat immer geschaut, wie wir gut zusammenspielen können. Durch ihn standen wir nicht so unter einem Leistungsdruck, sondern haben unser bestes Spiel gegeben. Der Team- und Spaßgedanke stand im Vordergrund. Aber ich bin auch ehrgeizig, ich habe bestimmt so 40 Medaillen auf internationalen, nationalen und auf Landesebene gewonnen.

Und eine besondere Geschichte möchte ich gerne erzählen: Das war 2018 in der Dominikanischen Republik, da wurde Special Olympics 50 Jahre alt und das *World Tennis Invitational Tournament* wurde dort ausgetragen. Doppel im Tennis bei den Special Olympics bedeutet, dass immer ein Mensch mit Behinderungen mit einem Mennschen ohne Behinderungen zusammen spielt. Wir haben gegen Spieler und Spielerinnen aus vielen andere Nationen gespielt, Chile, Mexico, usw. Ich habe im Einzel und auch im Doppel mit meinem Bruder zusammen Gold gewonnen. Es war so ein krasses Erlebnis, Menschen aus so vielen Ländern kennen zu lernen. Jeder und jede hat ja in seiner oder ihrer Sprache gesprochen. Wir konnten uns eigentlich alle nicht verstehen – aber wir haben uns mit Händen und Füßen verständigt, wir haben abends Party gemacht und uns gegenseitig geholfen und wir haben uns für den oder die anderen gefreut, wenn er oder sie eine Medaille gewonnen hat. Ich werde diesen WOW-Effekt des Miteinanders nicht vergessen. Eigentlich ist Sprache alles, aber wenn die Sprache mal nicht funktioniert, muss man aus der Komfortzone herauskommen. Ich habe diese zehn Tage Tennis mit den verschiedenen Kulturen so genossen. Aus der Familie, die die Special Olympics gegründet haben, war Timothy Shriver da. *„We can inclusion"* war ein Teil seiner Rede, und obwohl sicherlich die Hälfte der Anwesenden nichts verstanden hat, haben alle diese einzigartige Atmosphäre gespürt.

PJ: Sicherlich hat bei den Wettkämpfen nicht immer alles so gut funktioniert. Wie hast Du Dich da gefühlt? Warst Du z. B. sehr traurig oder war das okay?

LK: Da kann ich gleich ein Beispiel aus dem letzten Jahr nennen, da waren die National-Games und wir haben als Gast Spanien eingeladen. Ich habe im Doppel mit meinem Bruder gegen alle deutschen Teams gewonnen, aber nicht mehr gegen die Spanier. Und da waren wir schon richtig enttäuscht! Eigentlich hätten wir Gold geholt. Aber dann haben wir gesehen, dass wir ja eigentlich Gold geschafft haben, weil wir die besten Deutschen waren! Und dann war es richtig interessant für uns zu sehen, wie die Spanier spielen und was sie taktisch machen. Und das war echt krass anzuschauen, sie trainieren viel mehr und im selben Sportverein wie Raffael Nadal.

PJ: Was hat Dir geholfen, mit den Niederlagen umzugehen?

LK: Mir hat es tatsächlich geholfen, dass ich im letzten Jahr die Möglichkeit hatte, von dem spanischen Team zu lernen. Es war schön zu sehen, wo man noch hinkommen kann. Und ich kann mir wirklich sagen: „Okay jetzt habe ich verloren, aber nächstes Mal versuche ich, besser zu spielen, um dann zu zeigen, dass es doch geht!"

PJ: Ich schreibe ein Buch über Selbstmitgefühl im Sport. Selbstmitgefühl bedeutet als erstes, dass man sich bei Niederlagen so behandelt, wie man einen guten Freund behandeln würde. Kennst Du das?

LK: Ja, bei mir ist es gar nicht so, dass ich mich nach einer Niederlage runter mache, irgendwie habe ich die Selbstfreundlichkeit schon in mir. Das, was ich meinem Bruder sagen würde, wenn er verliert, das würde ich auch mir selbst sagen! Das ist etwas anderes als bei „normalen" Olympiateilnehmenden – das „normale" Olympia macht so einen Druck auf sich selbst. Da stehst Du allein – für

Dich, für Deine Sportart, für was auch immer. Bei Special Olympics stehst Du nicht allein! Es ist ein ganz anderes System bei Special Olympics, Du trittst nicht alleine oder nur mit Deinem Trainer an. Bei den „normalen" Olympischen Spielen denkst du, dass du immer besser werden musst, immer höher, weiter – und halt besser! Und wenn du dann einmal runterfällst, ist es schwer, wieder aufzustehen. Wir, bei Special Olympics, haben immer dieses Team im Kopf und nicht dieses Ich, Ich, Ich wie bei den „normalen" Olympics. So ist auch das Motto bei den Special Olympics „Zusammen unschlagbar".

PJ: Das ist ja wirklich sehr interessant, Louis. Da kommen wir schon zur nächsten Facette des Selbstmitgefühls, das ist nämlich das gemeinsame Menschsein. Das besagt eben, dass wir alle verbunden sind, und dass es dann leichter ist, eine Niederlage zu ertragen, weil es anderen auch so ergeht. Ist das bei Dir auch so?

LK: Ja und dieser Gedanke ist bei Special Olympics dann wirklich sehr deutlich da. Das Motto „zusammen unschlagbar" ist immer präsent. Es wäre schön, wenn man diesen Gedanken auf das „normale" Olympics übertragen könnte, aber ich glaube, das ist schwierig. Ich glaube, der Grund liegt darin, dass alle anderen Olympiateilnehmenden den Wettbewerb im Fokus haben. Wenn der Gedanke von Special Olympics in den Leistungssport einziehen soll, dann müsste sich ja auch das Verständnis des Leistungssports ändern. Wir sind natürlich auch ehrgeizig und auch an dem Wettbewerb interessiert. Aber das ist bei uns eben nicht alles! Wir haben nicht das Gefühl, dass das Leben vorbei ist, wenn wir mal verlieren! Natürlich sind wir traurig, weinen manchmal und schreien rum, es gehört alles dazu, aber wir sind nicht davon abhängig. Für mich sind

Niederlagen vielleicht auch nicht so schlimm, weil ich schon andere Krisen in meinem Leben erlebt habe, aber das muss natürlich nicht für alle gelten. Weißt Du, ich habe eine schwächere Behinderung, da tanze ich ein bisschen zwischen den Welten der Behinderten und Nicht-Behinderten umher. Da habe ich auf beiden Seiten oft erlebt, dass ich weder in die eine, noch in die andere Welt so ganz gehöre. Am Anfang hat mir das sehr viel ausgemacht, sodass es mir mit 17, 18 Jahren auch nicht so gut ging, aber meine Familie hat mir sehr geholfen. Und ich habe mir gesagt, dass ich mir die Frage, warum ich diese Behinderung bekommen habe, noch Millionen mal stellen kann, aber dass ich mit meinen Ängsten klarkommen und meine Bedürfnisse und Träume leben muss.

PJ: Der dritte Punkt des Selbstmitgefühls ist Achtsamkeit, d. h., dass man im jetzigen Moment lebt, ohne diesen zu bewerten. Gelingt Dir das?

LK: Achtsamkeit, klar, das ist mir bekannt, das kommt ja in Fortbildungen, in der Arbeitswelt und in der Schule vor. Ich kenne das auch, wenn ich Tennis spiele, dann bin ich die ersten 10 min noch irgendwo ganz anders, aber dann nicht mehr, dann bin ich genau beim Tennisspiel. Dann bin ich achtsam und das ist auch echt ein Ausgleich zu der vielen Arbeit, die ich habe.

PJ: Glaubst Du, dass dieses Konzept des Selbstmitgefühls im inklusiven Sport eine Rolle spielen sollte?

LK: Irgendwie ist es schon so ein bisschen vorhanden, ohne dass wir es so nennen würden. Allerdings nur bei guten Teams und Vereinen. Doch bei Vereinen, die auch die Inklusion noch infrage stellen, oder sich noch in diese Richtung entwickeln, da ist es sicherlich nicht so.

PJ: Du bist auch Mentor für eine inklusive Arbeitswelt. Meinst Du, dass Mitgefühl und Selbstmitgefühl für die Arbeitswelt wichtig sind, oder gibt es etwas, was aus Deiner Sicht viel wichtiger ist?

LK: Die Konzepte von Mitgefühl und Selbstmitgefühl im Sport sind auch in der Arbeitswelt sehr wichtig. Im Special Olympics Sport sind wir so gut gelaunt, weil wir als Team dieses Mitgefühl haben, und es wäre gut, wenn es in der Arbeitswelt auch so wäre. Wir lernen bei Special Olympics, viel mehr auf die anderen zu achten, rechts und links von Dir und es wäre gut, wenn wir das in die Arbeitswelt übertragen könnten. Es wäre schön, wenn wir uns in der Arbeitswelt fragen würden, wie alle zum Ziel kommen, nicht nur einer allein. Dafür müssen wir aber auch eine „Awareness" haben, in unserem Fall für Menschen mit Behinderungen! Das ist das Wichtigste, dass die Unternehmen Verständnis für die Bedürfnisse von Menschen mit Behinderungen entwickeln.

PJ: Was sind Deine Wünsche für die Zukunft?

LK: Für die nahe Zukunft wünsche ich mir beruflich, dass ich bei den Rhine-Ruhr Games 2025 mitmachen kann und natürlich, dass sich unsere Plattform *Unique United* von Menschen mit Behinderung für Menschen mit Behinderung weiterentwickelt. Wir haben nicht nur diese Plattform entwickelt, sondern wir stehen auch für die Beratung zum Thema Inklusion zur Verfügung. Und globaler wünsche ich mir, dass Menschen mit Behinderungen alles zugetraut wird. Menschen mit Behinderungen sollen selbst entscheiden und nicht fremdbestimmt werden. Ich wünsche mir, dass das Schubladendenken wegbricht, und dass man sich darauf einlässt, wie die Person ist.

Vielen Dank Louis für dieses sehr beeindruckende Interview!

6.4 Hanna Tempelhagen, Läuferin und Selbstmitgefühlsexpertin

„Zu wissen, ich bin damit nicht so allein, ist so, als wenn mir jemand ein Gewicht von den Schultern nimmt."

Hanna Tempelhagen (41 Jahre) ist Läuferin, Achtsamkeitstrainerin und unterrichtet auch Selbstmitgefühl. Sie hat ein Trainingskonzept entwickelt, das sie *Mindful Running* nennt. Zunächst hat sie jedoch BWL mit dem Schwerpunkt Marketing und Controlling studiert und zehn Jahre im Consulting gearbeitet. Dort wurde ihr bewusst, dass sie so nicht mit sich selbst umgehen möchte. Aus einem Erschöpfungszustand heraus hat sie dann ihr Leben verändert. Sie hat das Unternehmen *The Mindful*

Spaces mitgegründet, und unterstützt Menschen und Organisationen auf dem Weg hin zu einem sinnerfüllten Leben und Arbeiten. In ihrer Arbeit als Trainerin und Coachin widmet sie sich nun dem Laufen, der positiven Psychologie und achtsamkeitsbasierten Verfahren. In ihrer Laufkarriere erzielte sie einige Erfolge, z. B. die deutsche Crossmeisterschaft 2018 und die deutsche Meisterschaft im Marathon 2019 in ihrer Altersklasse.

PJ: Hanna, sportlich hast Du Dich dem Marathonlaufen verschrieben, Du hast zahlreiche Erfolge feiern dürfen. Seit wann betreibst Du den Laufsport und was fasziniert Dich so?

HT: Schon mit neun Jahren war ich im Leichtathletikverein. Zum Laufen hat mich jedoch tatsächlich motiviert, dass ich gerne mit meinem Vater mitlaufen wollte. Mein Vater ist täglich gelaufen und ich wollte sehr gern Zeit mit ihm verbringen, sodass ich mit 12, 13 Jahren angefangen habe, einfach zu laufen. Ich glaube, es ging darum, die Verbindung, Nähe und Liebe zu meinem Vater zu spüren. Bis zum 16./17. Lebensjahr bin ich dann leistungsorientiert Mittelstrecke gelaufen. Leider musste ich den Wettkampfsport aufgrund einer Essstörung aufgeben. Aber irgendwie wollte ich schon immer Läuferin werden. Meine Mutter hat erzählt, dass, wenn man mich gefragt hat, was ich werden will, ich immer Läuferin gesagt habe. Und dann war ich 2015 beim Marathon in Berlin und habe zugeschaut. Das war wie eine Initialzündung und ich habe mir gedacht: „Oh ja, nächstes Jahr laufe ich hier mit!" Ich bin bis dahin schon mal einen Halbmarathon gelaufen. Ich habe dann angefangen, intensiv für den Marathon in Berlin 2016 zu trainieren. In dieser Zeit hatte ich auch noch Glück: Beim Kauf einer Trainingsuhr war ein Gewinnspiel für einen Startplatz beim New-York-

Marathon 2016 enthalten – und den habe ich inklusive Flug und Hotel tatsächlich gewonnen!

PJ: Sicherlich ist nicht immer alles so glatt gelaufen im Leistungssport. Was waren denn für Dich Krisen? Und wie haben sich diese angefühlt? Kannst Du beschreiben, wie Du selbst in diesen Krisen mit Dir umgegangen bist?

HT: Ja, es gab Krisen, die erste 2016. Da konnte ich nämlich den Berlin-Marathon gar nicht mitlaufen, weil ich mir eine Verletzung zugezogen hatte, einfach, weil ich zu schnell zu viele Kilometer gelaufen bin. Nicht mitlaufen zu können, war vielleicht keine richtige Krise, aber es tat psychisch verdammt weh. Ein bisschen geholfen hat, dass ich dann einige Wochen später den Marathon in New York gelaufen bin, es war mein erster Marathon. Dort hatte ich einen gigantischen Lauf, und ich glaube, das hat wirklich geholfen.

Die zweite wirkliche Krise habe ich dann 2017 erlebt. Mir wurde die Möglichkeit geboten, an einem Projekt einer großen Sportmarke teilzunehmen. Das Projekt bestand darin, sich mit Philipp Pflieger, einem bekannten deutschen Marathonläufer, darauf vorzubereiten, einen Marathon unter drei Stunden zu laufen. Diese Vorbereitung war schon herausfordernd, weil ich in der Gruppe unter den Frauen diejenige war, für die es am unwahrscheinlichsten war, dass sie es schafft. Das Projekt wurde auch von Social-Media-Umfragen begleitet. Es wurde u. a. gefragt, wer es wohl schaffen wird und wer nicht, und die Storys der einzelnen Teilnehmenden wurden gepostet. Mir war vorher nicht bewusst, was das mit mir macht! Und leider war meine Leistung nicht immer so, wie sie hätte sein sollen. Oft bin ich nicht die Zeiten gelaufen, die ich in der Vorbereitung hätte laufen sollen (ein Aspekt war hier sicherlich, dass ich eine starke Eisen-Anämie bekommen hatte). Manchmal lag ich dann heulend in der Ecke.

Da habe ich ganz oft gesagt: „Oh je, nur bei mir funktioniert es nicht, bei den anderen aber wohl!" Die Haltung, die ich mir selbst gegenüber eingenommen habe, war total zerstörerisch. Ich weiß noch genau, wie ich heulend weggerannt bin, mich ins Gebüsch geworfen habe und zu mir gesagt habe: „Stell dich doch nicht so an, die anderen bekommen es doch auch hin!" Es war nicht nur Selbstzerstörung, sondern auch Selbstmitleid, das auftrat. (Nur am Rande: Es hat dann doch funktioniert und ich bin den Frankfurt-Marathon 2017 unter 3 h, in 2:59:54 h, gelaufen.)

PJ: Hast Du in diesen Krisen schon mal etwas von Selbstmitgefühl gehört oder hast Du es vielleicht sogar angewandt?

HT: Nein, das gab es für mich damals noch gar nicht. Selbstfreundlich mit mir umzugehen, oder mir selbst eine Umarmung zu schenken, das kannte ich gar nicht! Auch als ich die Anämie hatte, gab es keinen Hinweis auf Selbstmitgefühl. Ich fragte mich eher, warum das ausgerechnet mir passieren muss. Andere Sportlerinnen haben das bestimmt nicht. Erst in einer anderen Krise, 2020, als ich einige hartnäckige Verletzungen erlitten habe, konnte ich mir selbst gegenüber Selbstmitgefühl geben. Hier konnte ich geduldiger und liebevoller mit mir sein. Ohne Selbstmitgefühl hätte ich das nicht geschafft und 2022 war dann mein bestes Lauf-Jahr.

PJ: Was hat Dir geholfen, aus diesen Krisen herauszukommen?

HT: Seit 2017 vertiefte ich meine Achtsamkeitspraxis durch eine Ausbildung in MBSR (Mindfulness-based stress reduction, achtsamkeitsbasierte Stressreduktion). Dies half mir dabei, meine Bedürfnisse besser wahrzunehmen, mich zu fokussieren und ich lernte auch, meine Emotionen besser zu regulieren. Von Selbstmitgefühl hatte ich gehört, doch was das ist und wie es mir helfen sollte, wusste ich nicht. Ab 2018 hat sich das deutlich verändert, ein Anstoß war das MSC-Intensiv-Retreat mit Dr. Kristin Neff und Dr. Chris Germer in den Niederlanden. Beides, Achtsamkeit und Selbstmitgefühl, hat mir sehr geholfen, auch in der Vorbereitung für die Wettkämpfe. Ich habe einfach viel mehr Vertrauen gewonnen, ich konnte mit Drucksituationen besser umgehen. Ich konnte Anstrengung auch besser akzeptieren. Das Sich-hart-anfühlen konnte ich so nehmen, wie es ist. Ich konnte es genauso gut annehmen, wie Situationen, die sich gut anfühlten. Durch diese Akzeptanz gelang es mir, den Widerstand gegen das Sich-hart-anfühlen aufzugeben. Hierbei hat mir positiver Self-Talk geholfen.

Danach habe ich die Praxis des Selbstmitgefühls immer mehr integriert: Wenn z. B. Trainingseinheiten nicht so gut gelaufen sind, oder nur ein Intervall (z. B. von 20×400 m), dann habe ich mir innerlich gesagt: „Ach komm, das war jetzt nur ein Intervall, eine Einheit, das nächste Intervall wird besser!" Ich konnte mich wieder selbst motivieren: Ich habe Selbstfreundlichkeit praktiziert, ebenso wie das gemeinsame Menschsein: Ah, so fühlt es sich an, wenn es hart wird! Zu wissen, wie sich auch andere in dem Moment dann fühlen, das hat mich unterstützt.

PJ: Neben dem Laufen hast Du viele Ausbildungen zur Achtsamkeit und zum Selbstmitgefühl gemacht. Wie bist Du dazu gekommen? Was bedeutet Dir das?

HT: Ja, ich habe 2017 meine Ausbildung als Achtsamkeitstrainerin (MBSR) begonnen, hatte aber auch vorher schon immer meditiert bzw. im Studium Autogenes Training praktiziert. Ab 2012 habe ich die aktiven Meditationen nach Osho kennengelernt, z. B. die Dynamische oder die Kundalini-Meditation. Da hatte ich zum ersten Mal das Gefühl, im Körper angekommen zu sein, anders als beim Laufen. Ich habe eine Verbindung gespürt, die ich so noch nicht empfunden hatte. Diese Meditationsform hat mich erst dazu gebracht, für die Stille bereit zu sein. Ich habe meine erste Meditationsausbildung mit mehr als 360 Praxisstunden gemacht. In mir wuchs der Wunsch, meine Erfahrungen zu teilen, insbesondere auch in meiner Arbeit als Consultant und Projektmanagerin. Mit den ersten Versuchen, Meditation in mein Team zu integrieren, wurde mir sehr schnell bewusst, dass ich dazu etwas brauche, wozu es eine wissenschaftliche Evidenz gibt. So bin ich auf MBSR gestoßen. Die Ausbildung habe ich 2017 und 2018 gemacht. Doch dann kam dieses Retreat bei Kristin Neff und Chris Germer. Dort habe ich deutlich gespürt, dass das einfach das ist, was ich machen möchte, diese liebevolle und kraftvolle Qualität weitergeben, teilen. Dieses Gefühl hat mich getragen und es hat dazu geführt, dass ich noch die Ausbildung in *Achtsames Selbstmitgefühl* (MSC, Mindful Self-Compassion) gemacht habe.

PJ: Jetzt gibst Du selbst Kurse. Wie wichtig ist es Dir, Selbstmitgefühl zu unterrichten?

HT: Ja, ich gebe Kurse im klassischen Sinne des MBSR-Programms, oder den achtwöchigen Kurs in Selbstmitgefühl (MSC), für Unternehmen und Privatpersonen.

Achtsamkeit und Selbstmitgefühl zu unterrichten, ist für mich sehr wichtig. In dem von mir entwickelten Trainingskonzept *Mindful Running* für Läufer und Läuferinnen aus dem Wettkampfsport und dem

6 Expertenmeinung zu Selbstmitgefühl im Sport

ambitionierten Freizeitsport kombiniere ich Laufen, Achtsamkeit und Selbstmitgefühl. Das Programm ist etwas für diejenigen, die eine achtsame, mitfühlende Haltung kultivieren möchten, jedoch mit dem Sitzen weniger anfangen können. Wir stellen uns z. B. die Frage, wie ein Warm-up aussehen kann. Allein das ist schon eine Haltung des Selbstmitgefühls. Ich kann auch gezielt Elemente des Selbstmitgefühls mit einbringen, indem ich frage, wie es dem Körper heute geht. „Wo spüre ich Verspannungen?" Oder auch: „Passt das, was auf dem Trainingsprogramm steht, zu dem, wie ich mich heute fühle?"

PJ: Wie erlebst Du Deine Kursteilnehmenden? Wie nehmen sie Elemente des Selbstmitgefühls im Sport auf?

HT: In den Kursen zum Selbstmitgefühl ist es so, dass Achtsamkeit für die meisten greifbar ist. Gemeinsames Menschsein zu verstehen, damit tun sich viele Teilnehmenden schwer. Sie sagen oft: „Ja, mir geht es gar nicht so schlecht, da geht es ja anderen Menschen viel, viel schlechter." Auch bei der Selbstfreundlichkeit ist es für viele zu Beginn schwierig, sich z. B. selbst eine Berührung zu schenken. Meistens sind es Frauen, die an den Kursen teilnehmen. Motivation durch Selbstkritik und harsche Worte ist immer noch in den Köpfen der Teilnehmenden vorhanden, insbesondere bei sehr ambitionierten Sportlern und Sportlerinnen oder auch Führungskräften. Sie sagen dann oft, dass Selbstmitgefühl ja kontraproduktiv sei. *Mindful Running* hilft ihnen, sich zu verändern, zu einem freundlichen Selbsttalk überzugehen, oder Dankbarkeit zu erleben.

Ein Beispiel für den Self talk während des Laufens wäre: Statt „Gib nicht auf", sage ich oft: „Bleib dran".

Da kommt auch das kraftvolle Selbstmitgefühl mit rein: „Heh, ich bin stark."

Gerade für die Praxis des kraftvollen Selbstmitgefühls (Fierce Self-Compassion) sehe ich viel Potenzial im Sport.

PJ: Wo soll es hingehen, Hanna?

HT: Ich habe schon noch ein Laufziel, bis ich 45 Jahre alt bin, möchte ich das geschafft haben. Wenn ich das schaffe, dann ist es auch gut für mich mit dem Wettkampf-Laufen. Und bei den Kursen möchte ich das *Mindful Running* ausbauen. Ich würde *Mindful Running* gerne evaluieren, ein fine tuning meines Konzepts machen! Und dann wäre es mir ein Anliegen, die Effektivität dieses Programms auch wissenschaftlich zu belegen und das Format in den Unternehmenskontext einzubringen. Hier habe ich schon die ersten sehr positiven Erfahrungen gemacht, auf denen ich weiter aufbauen kann.

Vielen Dank Hanna für das wertvolle Interview!

6.5 Dr. Philipp Röthlin, Sportpsychologe

„Selbstmitgefühl hat immer auch mit Mut zu tun."

Dr. Philip Röthlin (42 Jahre) ist Sportpsychologe. Er studierte zunächst Psychologie in Bern und schloss einen Master in klinischer Psychologie und Psychotherapie ab. 2016 promovierte er zum Thema der Achtsamkeit im Leistungssport an der Universität Zürich in Psychologie. Seit 2010 ist er an der Eidgenössischen Hochschule für Sport in Magglingen in Forschung und Lehre tätig. Darüber hinaus hat er eine Weiterbildung als Sportpsychologe absolviert. Philipp Röthlin war nie Leistungssportler, hat aber ambitionierten Amateursport betrieben. In den letzten 12 Jahren war seine Arbeit von der Forschung und der Anwendung in der Sportpsychologie geprägt, wobei der Schwerpunkt in den letzten Jahren auf der Forschung lag.

PJ: Lieber Herr Röthlin, ich bin auf Ihren Namen gestoßen, weil Sie ein wichtiges Review über Selbstmitgefühl im Sport geschrieben haben. Wie sind Sie auf dieses Thema gekommen?

PR: Das ist eine gute Frage, ich weiß gar nicht, ob ich mich daran so gut erinnern kann. Was es sicherlich einmal gab, war ein Gespräch mit einem befreundeten Kollegen, auch Forscher, der in der Psychotherapie arbeitet. Wir haben in diesem Gespräch gerade auch über Selbstmitgefühl gesprochen und daraufhin versucht, Forschungsgelder für den Sport zu akquirieren. Ich glaube jedoch auch, dass mich das Thema eben persönlich sehr interessiert hat. Man sagt ja auch: „Research is mesearch." Ich hatte sicherlich eine sehr selbstkritische Seite und habe gemerkt, wie wichtig Mitgefühl und Selbstmitgefühl für mich selbst ist. Und neben dem persönlichen Bezug interessiert mich eben sehr, was Selbstmitgefühl genau ist und wie man das überhaupt messen kann. Auch wenn ich selbst keine Ausbildungen absolviert habe, begleitet mich das Thema der Achtsamkeit schon länger. Der Einstieg war sicherlich ein MBSR-Kurs vor über 10 Jahren – dort kommt man auch mit dem Thema des Mitgefühls und des Selbstmitgefühls in Berührung. Aber auch die Bücher von van den Brink und Koster „Mitfühlend leben" und von Paul Gilbert zum Mitgefühl (Anmerkung Petra Jansen, z. B. Compassion Focused Therapy) waren für mich wichtig.

PJ: Was fasziniert Sie als Wissenschaftler an dem Thema Selbstmitgefühl? Wie sehen Ihre neuen Forschungsprojekte in dem Bereich aus?

PR: Ja, neben den Reviews, die wir machen, sind wir auch in einigen Forschungsprojekten involviert. Ein konkretes Projekt ist es zunächst, Selbstmitgefühl in die

Praxis der Sportpsychologie zu bringen. Mit Kollegen und Kolleginnen aus dem Ausland schreiben wir gerade einen Artikel, der die Praxis des Selbstmitgefühls vermittelt, um das Thema in der Breite bekannt zu machen. In diesem Artikel gehen wir z. B. auch darauf ein, was denn vielleicht die Hindernisse sind, wenn wir Selbstmitgefühl in einem Leistungssportkontext anwenden wollen.

Gleichzeitig läuft auch noch eine Datenerhebung für eine online-Studie zum Selbstmitgefühl im Sport. Sportler und Sportlerinnen erhalten einen Link zu vier Modulen mit vielen Übungen und Videos. Ich glaube, in den Reviews sieht man gut, dass es zwar viel Forschung in diesem Bereich gibt, aber dass doch die Interventionsstudien fehlen. In solchen Studien müssen wir das sample auch ein bisschen breiter machen, da können wir uns gar nicht nur auf die absoluten Spitzensportler und Spitzensportlerinnen fokussieren, weil wir nie genügend Versuchspersonen für eine Studie zusammen bekommen würden.

Eine dritte Studie, an der ich gerade arbeite, ist eine Studie im Rahmen eines Projekts zur mentalen Gesundheit. Uns interessiert in dieser Arbeit sehr, wie das Wohlbefinden der Athleten und Athletinnen ist, wenn sie sich verletzen. In diesem Zusammenhang führen wir eine Tagebuchstudie durch, bei der wir täglich schauen, wie sich das Wohlbefinden verändert. Dabei gehen wir davon aus, dass Selbstmitgefühl eine große Rolle spielt, in der Art, dass bei höherem Selbstmitgefühl die Athleten und Athletinnen nicht in so ein großes Loch fallen.

PJ: Sie arbeiten aber neben der Wissenschaft auch in der Praxis als Sportpsychologe. Vermitteln Sie dort die Selbstmitgefühlspraxis häufig? Und wenn ja, in welcher Art und in welchem Umfang?

PR: Eigentlich führe ich die Praxis ganz implizit ein. Das beginnt schon damit, dass der Beratungsraum als ein Ort wahrgenommen werden muss, in dem man sich sicher fühlt und in dem man über alles sprechen kann. Mitgefühl hat nämlich viel damit zu tun, sich selbst sicher zu fühlen. Die Variablen von Carl Rogers, wertfrei zuzuhören und Empathie aufzubringen, sind für mich sehr wichtig. Die Übungen, die ich konkret durchführe, sind jene, die von den Vertretern und Vertreterinnen des Selbstmitgefühls entwickelt wurden. Manchmal gehe ich eher kognitiv vor, sodass ich die Athleten und Athletinnen frage, wie sie mit sich umgehen, wenn sie einen Fehler gemacht haben. Oder sie sollen sich einmal von außen betrachten und spüren, welche Emotionen bei ihnen ausgelöst werden. Oder sie sollen sich einen Freund vorstellen, dem sie Mitgefühl zukommen lassen. Daraufhin werden sie aufgefordert, die Perspektive zu wechseln und sich an die Stelle des Freundes zu stellen. Dann merken sie selbst, dass dies gar nicht so einfach ist, dass sie es aber schon gerne möchten. Ich glaube, es ist wichtig, dass Personen einen Grund sehen, warum die Praxis für sie selbst wichtig sein kann.

Eine Übung, die ich allerdings immer mache, ist die Übung, die im Praxisbuch „Hilfreicher Gefährte" genannt wird. Man sieht sich von außen und man unterstützt sich aus der Sicht des hilfreichen Gefährten. Ich habe diese Übung auch schon mit jungen Handballern gemacht, und ja, sie funktioniert! Wichtig ist aber sicherlich die eigene Haltung dazu. Es hilft sehr, wenn man sich sicher ist, dass dies eine wertvolle Übung ist.

Aber: Man sollte auch nicht missionarisch sein, man erreicht ja die, die schon eine Affinität zur Achtsamkeit oder zum Selbstmitgefühl haben, manch andere brauchen das vielleicht nicht. Und da sind auch in der Forschung noch ein paar Fragen offen: Für wen ist Selbstmitgefühl gut? Wie soll es wem vermittelt werden?

PJ: Wie reagieren die Spitzensportler und Spitzensportlerinnen? Leistung wird im Spitzensport oft mit Härte assoziiert, wie passt das mit dem Selbstmitgefühl für die Spitzensportler und Spitzensportlerinnen zusammen? Stoßen Sie dort auf Reaktanz?

PR: Eigentlich spüre ich wenig Widerstand. Vielleicht auch deshalb, weil ich zunächst einmal aufzeige, was eigentlich bei einem selbstkritischen Umgang emotional und leistungsmäßig passiert. Da merken dann schon viele, dass sie sich selbst völlig fertig machen und z. B. nach einem Fehler noch lange nachgrübeln. Dann entwickelt sich für viele Sportler und Sportlerinnen schon ein Anreiz für eine Selbstmitgefühlspraxis. Ich glaube, das ist Grund, warum ich wenig Reaktanz spüre.

PJ: Was ist Ihnen für Ihre Zukunft in der wissenschaftlichen Beschäftigung mit dem Thema und in der sportpsychologischen Praxis wichtig?

PR: Die Forschung zum Selbstmitgefühl ist mir sehr wichtig, und es wird sicherlich ein Thema in meiner Forschung sein, das mich weiterhin begleitet. Es lässt sich sehr gut mit meinem jüngsten Forschungsgebiet der mentalen Gesundheit verbinden. Ein für mich eher neues Thema, das mich auch sehr interessiert, ist das Thema der interpersonalen Gewalt von Trainer und Trainerinnen. In einer Forschungsarbeit versuchen wir, die instrumentellen Formen der psychischen Gewalt zu erfassen, beispielsweise einen Athleten anzuschreien, damit er schneller läuft, oder öffentlich das Gewicht einer Athletin zu kritisieren. Wir versuchen, eine ethische Komponente des Leistungssports zu thematisieren. Hier gehen wir davon aus, dass Mitgefühl auch eine Rolle spielt. Ziel ist es hier, den Effekt einer Mitgefühlsintervention bei Coaches zu etablieren und zu untersuchen.

Und Selbstmitgefühl hat natürlich erstmal etwas mit sich selbst zu tun, aber dann natürlich auch mit der Beziehung zu den anderen und eben auch mit einem ethischen Verhalten.

PJ: Kennen Sie schon das kraftvolle Selbstmitgefühl?

PR: Ja, der Begriff von Fierce Self-Compassion ist mir schon bekannt. Ich finde diesen Begriff sehr schön, denn er hat auch etwas mit Mut zu tun. Es braucht Mut, auch die eigenen schwierigen Seiten zu sehen und sich diesen zu stellen.

PJ: Ich glaube, dass ist ein sehr schöner Schlußsatz – Vielen Dank Herr Röthlin!

6.6 Philipp Pflieger, Marathonläufer der deutschen Spitzenklasse und Botschafter für den Ausdauersport

„Am Ende des Tages sind wir einfach nur Menschen, die schnell laufen können."

Philipp Pflieger (35 Jahre) zählt zu den besten deutschen Marathonläufern. Bislang hat er insgesamt 14 Goldmedaillen, 7 Silbermedaillen und 6 Bronzemedaillen bei Deutschen Meisterschaften gewonnen. 2016 nahm er an den Olympischen Spielen in Rio de Janeiro teil und erreichte als bester Deutscher in einer Zeit von 2:18:56 den 55. Platz. Seine Marathon-Bestzeit liegt bei 2:12:15, gelaufen am 6.12.2020 in Valencia, seine Bestzeit im Halbmarathon bei 1:02:50 am 16.2.2020 gelaufen in Barcelona. Auch heute gehört er noch zu den TOP-10-, wenn es gut läuft, TOP-5-Langstreckenläufern in Deutschland. Philipp Pflieger hat in Regensburg, wo er mit seiner Familie lebt, Politikwissenschaft, Medienwissenschaft und Geschichte studiert.

PJ: Philipp, Du läufst seit Jahren Marathon und bist sehr erfolgreich. Seit wann betreibst Du den Laufsport und was fasziniert Dich so?

PP: Vielleicht ist erstmal wichtig zu wissen, dass ich nicht aus einer Leistungssportdynastie komme. Mein Vater ist irgendwann, nachdem er mit dem Rauchen aufgehört hat, als Autodidakt zum Marathonlaufen gekommen. Als Kind habe ich das natürlich hautnah miterlebt. Klar hat mich das neugierig gemacht und ich wollte gerne mit ihm laufen. So bin ich schon in sehr jungen Jahren mitgelaufen – erst nur bis zum Waldrand, das war nicht weit! Es hat aber dazu geführt, dass ich am nächsten Tag wieder mitlaufen wollte. Später wollte ich dann bei den ersten Kinderrennen teilnehmen, und irgendwann haben mich meine Eltern in einem Leichtathletikverein angemeldet. Dort habe ich eine gute Förderung erhalten und habe auf eine positive Art und Weise Ehrgeiz entwickelt. Irgendwie kam da schon der Traum auf, einmal bei den Olympischen Spielen zu starten.

Dann gab es leider schon während der Pubertät die ersten körperlichen Beeinträchtigungen, Wachstumsstörungen, sodass ich erst mit 18 Jahren wieder anfangen konnte, richtig zu trainieren. Dabei war ich auch nie so das herausragende Talent, bei dem man den vorprogrammierten Erfolg sehen konnte. Vieles musste ich mir erarbeiten.

Aber mir hat Laufen schon immer am meisten Freude bereitet: dieses Draußen sein, die Art der Bewegung – schon als Kind hat es mir Spaß gemacht zu rennen, ich habe mich frei und schnell gefühlt, danach war ich immer so glücklich, auch wenn es mit einem gewissen Grad der Erschöpfung einherging. Diese Mischung hat mir als Kind sehr viel Spaß gemacht und hat sich auch natürlich angefühlt! Und dadurch, dass mir die Ausdauer so gelegen hat und ich ein gutes Körpergefühl hatte (d. h. mir meine Kräfte gut einteilen konnte), bin ich dann beim Laufen geblieben.

PJ: Sicherlich ist nicht immer alles so glatt gelaufen im Leistungssport. Was waren denn für Dich Krisen? Und wie haben sich diese angefühlt?

PP: Klar, auch wenn ich nie in psychotherapeutischer Behandlung war, gab es in meiner Laufbahn Episoden, in denen es mir mental nicht gut ging. Und irgendwie habe ich auch das Gefühl, dass Einzelsportler im Leistungssport noch eher gefährdet sind, an mentalen Krankheiten zu leiden, weil man sich einsamer fühlt – auch wenn es ein Team von helfenden Menschen um mich herum gibt.

Meine erste Krise begann schon im Teenageralter mit den Wachstumsproblemen. Da fühlte ich mich über einen langen Zeitraum schon sehr traurig und einsam. Das hat mich für dreieinhalb Jahre stark belastet. Nach dieser Phase wurde ich dann bei meinen ersten deutschen

Meisterschaften im Stadion Dritter, allerdings erst mit 19. Auf der einen Seite hat es mich sehr glücklich gemacht, dass ich die schwere Zeit durchgehalten habe. Auf der anderen Seite hat dies aber auch zu einer Übermotivation geführt. Ich habe dann alles hinter mir gelassen, mein Elternhaus, meine Freunde, und bin wegen der Möglichkeit der guten Förderung im Leistungssport nach Regensburg gezogen. Wegen der Übermotivation und des zu großen Ehrgeizes traten dann Verletzungen auf, mit 23 hatte ich meine erste OP am Knie, zwei Fuß-OPs folgten. Daraufhin war ich das erste Mal auch ein Jahr ganz raus, weit weg von meiner Trainingsgruppe. Irgendwie habe ich versucht, alles allein hinzubekommen. In dieser Zeit habe ich viele Erfahrungen gemacht, so z. B. mit Ärzten. Obwohl es viele gute Ärzte und Ärztinnen gibt, gibt es auch manche, die mir alle Hoffnung genommen haben. Ich musste mir Sätze wie: „Okay, das ist dieselbe Verletzung wie bei Fußballer XY, und der musste seine Karriere beenden" anhören. Für einen jungen Sportler ist das schlimm. Ich weiß noch, dass ich wie in Trance aus der Praxis gegangen bin und noch lang im Auto auf dem Parkplatz gesessen und einfach vor mich hingestarrt habe. Da ist für mich nicht nur eine Welt zusammengebrochen, sondern auch eine Panik in mir aufgekommen: Das durfte nicht alles umsonst gewesen sein. Ich habe mich gefragt, ob ich nicht irgendwo im Leben einmal falsch abgebogen bin.

Danach hatte ich echt Episoden, in denen ich morgens nicht aufstehen wollte. Ich habe keinen Sinn mehr gesehen. Das war so komisch, weil ich gar keinen Antrieb mehr hatte, und das ist genau das Gegenteil der großen Motivation, die ich immer im Sport hatte. Ein Jahr später habe ich mich dann wieder in die deutsche Spitze zurückgekämpft. Dann kommen plötzlich ganz andere Themen auf, auf die man nicht vorbereitet war – Sponsoren, Medien, usw.!

Ja und 2016 kam dann Rio – mein Kindheitstraum. Als ich über die Ziellinie gelaufen bin, war das so merkwürdig, es war gar keine Euphorie da, sondern es ist eine Last von mir abgefallen – die Last, meinen Kindheitstraum wahr zu machen und einmal bei den Olympischen Spielen teilzunehmen.

Wenn ich das jetzt alles so rückblickend betrachte, gab es doch schon Zeiten, in denen ich gedacht habe, wie schön wäre es, wenn ich das alles hinter mir lassen und ein ganz anderes Leben beginnen könnte, ohne Laufen! Aber trotzdem habe ich es nicht geschafft, mit dem Leistungssport aufzuhören, es ist schon auch eine Art Sucht, die eigenen körperlichen Grenzen auszuloten. Es war auch schön, dass man sich irgendwann nicht mehr Sorgen über Geld machen musste, und ich bin sicherlich nicht der Turbokapitalist, aber Leistungssport auf diesem Niveau kostet Geld – viel Geld! Dennoch, das alles unter einen Hut zu bekommen, die Kampagnen, die Auftritte und den Leistungssport, das war auch eine neue mentale Herausforderung für mich.

Und der Marathon in Berlin 2017 war dann ein richtiger Tiefschlag. Bei km 35 fühlte ich mich ganz merkwürdig und unnormal erschöpft, aber ich dachte mir: „Ganz ehrlich, was kann schon groß passieren?" Und bei km 37 hing ich dann im Absperrgitter einer vierspurigen Straße und war weggetreten, stolperte aber irgendwie weiter. Ich habe mir nur noch gesagt: „Aufstehen, weiter machen", aber bei km 39,5 war es ganz aus! Ich habe daran nur wenige Erinnerungen. Die Erinnerungen habe ich auch nur, weil ich mir die TV-Übertragung in der ARD bestimmt so zweihundertmal angeschaut habe. Ich habe mich damit konfrontiert und es hat einige Monate gedauert, bis ich mich wieder mental auf der Höhe fühlte.

PJ: Was hat Dir geholfen, aus diesen Krisen und gerade aus dieser letzten Krise beim Berlin-Marathon herauszukommen?

PP: Bezogen auf den Berlin-Marathon habe ich mir die Szene erstmal ganz oft angesehen, um zu verstehen, was da überhaupt passiert ist. Und man kann sich ja auch gar nicht vorstellen, wie viele Nachrichten man dann bekommt!

Also das erste, was für mich wichtig war, war diese Konfrontation. Zweitens war es wichtig, wieder in eine Routine zu kommen. Laufen ist für mich halt Normalität und in eine Laufroutine zu kommen, hat mir geholfen, mich wieder normaler zu fühlen. Und dann haben wir uns drittens im Team ganz praktisch mit der Frage beschäftigt, wie wir meine Verpflegungsstrategie verbessern können, sodass ich mehr Kalorien pro Stunde aufnehmen kann. Im kleineren Rahmen haben wir dann Aufbaurennen gemacht, was einfach auch wichtig war, sodass ich wieder eine gewisse Selbstsicherheit bekommen habe. Und dann gab es auch schon wieder leistungsorientiertes Training. Tatsächlich konnte ich wieder aufholen! Durch die objektiven Messungen bei Leistungsdiagnostiken sah man ja auch tatsächlich, dass ich in einer viel besseren Verfassung war als in dem vorausgegangenen Jahr. Das hat auch zur Selbstsicherheit beigetragen. Und im nächsten Marathon-Rennen in Hamburg habe ich keine einzige Sekunde, auch nicht bei km 35, daran gedacht, dass sich das Ganze jetzt wiederholen könnte. Wenn man es zusammenfassen will, bin ich sehr kognitiv und verhaltensbasiert an die Aufgabe herangegangen, um aus der Krise herauszukommen.

6 Expertenmeinung zu Selbstmitgefühl im Sport

PJ: Hast Du in diesen Krisen schon mal etwas von Selbstmitgefühl gehört, oder hast Du es vielleicht sogar angewandt?

PP: Nein, eigentlich habe ich noch nichts davon gehört.

PJ: Okay, dann erkläre ich dir kurz die drei Facetten des Selbstmitgefühls, nämlich die Selbstfreundlichkeit, die Achtsamkeit und das gemeinsame Menschsein (hier erfolgte eine etwas ausführlichere Darstellung).

PP: Ja, es ist im Leistungssport ja immer noch so, dass es darum geht, hart zu sich selbst zu sein, dass man gepusht wird, vielleicht auch mal angeschrien. Ich würde echt sagen, dass dieses Selbstmitgefühl dem Leistungssport, wie er gerade läuft, weitestgehend widerspricht. Ich sage aber nicht, dass das gut ist! Ich würde auch sagen, dass sich mein Verhalten mir gegenüber im Vergleich zu den Anfangsjahren im Leistungssport verändert hat. Auch ich bin mir selbst gegenüber mitfühlender geworden. Im Leistungssport gibt es halt immer oft noch das Credo „Von nichts kommt nichts". Und man kommt dann in diesen Sog hinein. Als ich jung war, hätte ich alles geopfert, damit ich einmal die fünf Ringe sehe. Heute sehe ich das anders, und Prioritäten verschieben sich einfach, wenn man älter wird. Jetzt tut es mir gut, andere Sachen als den Sport zu machen. Mit Anfang 20 definiert man sich in der Leistungssport-Bubble nur über den Sport, man ist sehr ego-driven und ultrahart gegenüber sich selbst. Heute weiß ich, dass anderes wichtiger ist und ich wünsche mir, zum richtigen Zeitpunkt den Absprung zu schaffen, nicht komplett verschlissen. Das ist vielleicht gelebte Selbstfreundlichkeit. Ich möchte mit meiner

Tochter später noch Sport treiben können, da ist es gut, wenn ich jetzt gut für mich sorge.

PJ: Danke Philipp, das führt mich zu der Frage, wo es denn hingegen soll? Was sind Deine Ziele für die Zukunft?

PP: Ja, sportliche Ziele habe ich nicht mehr so viele, weil ich auch merke, wie schwer es ist, allem gerecht zu werden. Natürlich habe ich noch laufende Verträge – aber jetzt, wo ich im November Vater geworden bin, merke ich auch, wie wichtig Zeit ist. Ich möchte Zeit haben, auch für meine kleine Tochter und meine Frau. Sehr gerne würde ich eine Balance zwischen der Familie, dem Leistungssport und dem Business-Drumherum finden, aber das wird wirklich schwierig. Man hat eben nur 100 %, die man geben kann und gerade Leistungssport lässt nur wenig Kompromisse zu. Klar hätte ich auch Lust, nochmal andere Formate auszuprobieren, im Ultralauf-Bereich oder beim Trail-Lauf, aber ob unter leistungssportlichen Aspekten oder dann doch nur noch just for fun lasse ich mir mal noch offen. Wichtig ist es mir auch, meine Selbstständigkeit zu bewahren, auch wenn ich durchaus schon Angebote für feste Jobs habe. Wenn ich könnte, würde ich gerne weiterhin in der Sportszene bleiben – als Markenbotschafter, bei der Produktentwicklung mitwirken und anderen helfen, ihre persönlichen Ziele zu verfolgen. Hochleistungssport habe ich über viele Jahre auf hohem Niveau betrieben. Als ich kürzlich in Kenia war, habe ich mich gefragt: „Ich trainiere hier 200 km die Woche, 2 Monate lang, auf 2400 m Höhe? Für was eigentlich? Dafür, dass ich über 42 km im besten Falle nochmal 1–2 min schneller laufe?" Das ist doch absurd, der Aufwand, den man dafür betreibt. Das hat mich zum Nachdenken gebracht – und so war das Buch, das ich geschrieben habe, auch für mich nochmal ein richtiger Gamechanger.

PJ: Gut, dass Du das Thema selbst schon ansprichst. Ich wollte Dich gerne fragen, was Deine Motivation für das Buch war und was die Hauptbotschaft ist?

PP: Das Buch heißt „Laufen am Limit". Der Verlag ist damals auf mich zugekommen und sie wollten einfach mal einen nicht so Mainstream-Sport darstellen und zeigen, wie man es schafft, zu den Olympischen Spielen zu kommen. Ich wäre mit 30 nicht von selbst auf die Idee gekommen, ein Buch zu schreiben. Meine Bedingung war, dass ich das so ehrlich wie möglich erzähle und auch die Krisen nicht ausspare, die ich ja auch hier in diesem Interview erwähnt habe. Wenn man das nicht macht, verfälscht das das Bild. Und da kann Social Media heute auch echt Gift sein, es kreiert eine nicht reale Welt, die uns zu Übermenschen macht. Auch wir Leistungssportler sind normale Menschen mit Problemen, die andere Menschen genauso haben. Am Ende des Tages sind wir einfach nur Menschen, die schnell laufen können. Für mich war es wichtig, auch von den schwierigen Phasen zu berichten.

Was für mich besonders gewesen ist, war, dass ich zum ersten Mal Feedback für etwas bekommen habe, was nicht mit meiner sportlichen Leistung zu tun hat. Obwohl es für mich ungewohnt war, war es auch schön und ein Ansporn, neue Formate wie den Podcast „Bestzeit" zu schaffen, um Fans des Sports authentisch an meinem Werdegang teilhaben zu lassen. Und ich habe gespürt, wie Menschen durch diese Ehrlichkeit berührt waren. Es ist schon faszinierend zu sehen, dass man Menschen durch das, was man macht, etwas Positives auf den Weg geben kann – und das habe ich mir irgendwie auch zur Aufgabe gemacht: Ich möchte die aktiven Jahre, die ich als

Leistungssportler noch habe, so authentisch wie möglich teilen!

Das ist ein schönes Schlusswort: Vielen Dank, Philipp, für das spannende Interview!

Lesetipp
Pflieger, P., & Jensen, B. (2019). *Laufen am Limit. Warum Marathon die größte Herausforderung für Läufer ist.* Edel Books.

Podcasttipp
https://bestzeit.podigee.io

Literatur

Gilbert, P., & Choden, P. (2013). *Compassion focused therapy.* Jungfermann.

Van den Brink, E., & Koster, F. (2013). *Mitfühlend leben: Mit Selbst-Mitgefühl und Achtsamkeit die seelische Gesundheit stärken: Mindfulness-Based Compassionate Living – MBCL.* Kösel.

7

Ein Blick in die Zukunft: Anwendungsgebiete und Limitationen von Selbstmitgefühl im Sport

Die Potenziale des Selbstmitgefühlstrainings habe ich schon in einem vorherigen Kapitel erwähnt. Im Gegensatz zu vielen anderen Verfahren geht es mit einer gewissen Wärme und liebevollen Haltung einher. Das ist sicherlich gerade im Leistungssport nicht selbstverständlich. Die Anwendung des Selbstmitgefühls bedeutet eine Art Richtungswechsel! Für den einzelnen Athleten und die einzelne Athletin kann Selbstmitgefühl sehr hilfreich sein. Was muss sich aber ändern, damit dies immer selbstverständlicher wird? Sicherlich spielen Druck und Härte in manchen Trainings unter bestimmten Bedingungen und in verschiedenen Sportarten immer noch eine bedeutende Rolle. Ein Grund hierfür mag sein, dass auch die Trainer und Trainerinnen noch wenig von Selbstmitgefühl gehört haben, weil sie eben auch in einer früheren Zeit in die jeweilige Sportart hineingewachsen sind. Damit die Praxis des Selbstmitgefühls selbstverständlicher wird, muss es bereits im Kinder- und Jugendsport eine Rolle spielen.

7.1 Anwendungsgebiet 1: Selbstmitgefühlspraxis im Kinder- und Jugendleistungssport

Es ist unbestritten, dass die sportliche Aktivität von Kindern und Jugendlichen einen positiven Effekt auf die körperliche, emotionale, soziale und psychologische Gesundheit von Kindern und Jugendlichen hat (Logan et al., 2019). Doch wie sieht es mit den Kindern und Jugendlichen aus, die eine Sportart sehr intensiv betreiben?

7.1.1 Die Anforderungen im Nachwuchsleistungssport

Die Nachwuchsleistungssportler und Nachwuchsleistungssportlerinnen sind vielfältigen Belastungen ausgesetzt, wie die quantitativ-qualitativ Studie von Habedank (2022) zeigt und wie es in Abb. 7.1 noch einmal dargestellt ist.

Aus Abb. 7.1 ist zu entnehmen, dass die Belastungen junger Athleten und Athletinnen im Leistungssport mannigfaltig sind. Die Belastungen beziehen sich auf die eigene Person und die eigene Gesundheit, aber auch auf das Umfeld der Schule, des Sports und der Beziehungen. Bezogen auf die Gesundheit konnte z. B. gezeigt werden, dass jugendliche Leistungssportler und Leistungssportlerinnen eine höhere Prävalenz für Essstörungen haben als die Kontrollgruppe Jugendlicher, die keinen Leistungssport betreiben (Martinsen & Sundgot-Borgen, 2013). Habedank (2022) konstatiert, dass personale (z. B. mentale Stärke, Selbstwirksamkeit, Optimismus, Gelassenheit) und soziale Ressourcen (z. B. Familie, Freunde und Freundinnen, Betreuer und Betreuerinnen und die damit

7 Ein Blick in die Zukunft: Anwendungsgebiete …

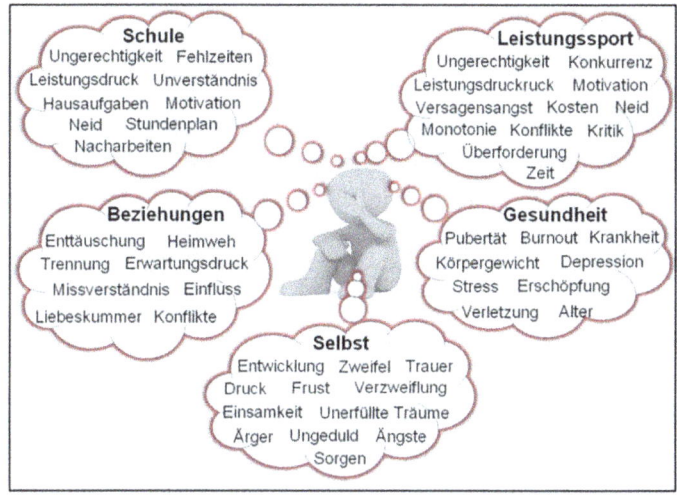

Abb. 7.1 Mögliche Belastungen von Nachwuchsleistungssportler und Nachwuchsleitungssportlerinnen. (Mit freundlicher Genehmigung aus Habedank, 2022, S. 362)

einhergehende Erfahrung von Liebe, Geborgenheit und Zuneigung) eine große Rolle spielen. Daneben ist die Anwendung von kognitiven Strategien (z. B. positives Denken, Selbststeuerung, Emotionskontrolle, Akzeptanz) und Verhaltensstrategien (z. B. Ausgleich, Abstand, Sport und Natur) bedeutsam. Beides ist wichtig, damit die jungen Athleten und Athletinnen mit den großen Belastungen in den unterschiedlichen Bereichen gut umgehen können. Die Relevanz des Selbstmitgefühls im Jugendalter für die Prävention depressiver Symptome konnte bereits nachgewiesen werden, auch wenn differenzierte Studien noch fehlen, die z. B. die Aspekte des Geschlechts oder des sozioökonomischen Status betrachten (Pullmer et al., 2019).

7.1.2 Selbstmitgefühl im Nachwuchsleistungssport

Wissenschaftliche Untersuchungen zum Selbstmitgefühl im Nachwuchsleistungssport im Kindesalter gibt es noch nicht. Einige wenige Studien beschäftigen sich mit der Selbstmitgefühlspraxis im jugendlichen Alter. So konnte beispielsweise bei jungen weiblichen Athletinnen im Alter von 15 Jahren gezeigt werden, dass ein hohes Selbstmitgefühl unter anderem mit einer geringeren Scham, weniger sozialer Angst und weniger Angst vor Versagen einherging (Mosewich et al., 2011). Dieses Ergebnis konnte auch in einer längsschnittlichen Untersuchung über drei Jahre bei jugendlichen Athletinnen bestätigt werden (Pila et al., 2022). In einer weiteren Studie wurde der Schwerpunkt auf die Untersuchung des körperlichen Selbstmitgefühls bei jungen Athletinnen im Alter zwischen 14 und 17 Jahren gelegt. Körperliches Selbstmitgefühl erlaubt den jugendlichen Athletinnen, ihren Körper mit Freundlichkeit und Respekt zu behandeln, sodass sie auch ihre Emotionen und die Wahrnehmung ihrer sportlichen Leistung regulieren konnten (Eke et al., 2020). Dadurch, dass sie ihrem Körper Mitgefühl entgegenbrachten, erlangten die jüngeren Athletinnen ein höheres Bewusstsein für ihren Körper und vertrauten ihm mehr.

Ist die Selbstmitgefühlspraxis im Nachwuchsleistungssport nun sinnvoll oder nicht? Die wissenschaftlichen Studien sind rar und beziehen sich auf eine Stichprobe jugendlicher Athletinnen. Wissenschaftlich gesehen gibt es demnach hierzu nur vereinzelte Hinweise. Aber nur weil es noch nicht untersucht wurde, heißt das natürlich nicht, dass es nicht sinnvoll ist! Die Übungen, die in Kap. 4 dargestellt sind, können für das jeweilige Alter aufbereitet

7 Ein Blick in die Zukunft: Anwendungsgebiete …

Abb. 7.2 Illustration der Selbstmitgefühlspause für Kinder in Abwandlung der Abb. 2.1 von Alkozei et al. (2023), Bild aus unsplash.com

werden. Ein Beispiel könnte in Anlehnung an Alkozei et al. (2023) wie in Abb. 7.2 dargestellt aussehen.

7.2 Anwendungsgebiet 2: Selbstmitgefühlspraxis in der Ausbildung von Trainern und Trainerinnen

Im Review von Cormier et al. (2023) konnte in vier Studien nachgewiesen werden, dass der individuelle Selbstmitgefühlslevel der Athleten und Athletinnen stark von der Sichtweise und den Normen anderer, wie z. B. der Trainer und Trainerinnen, der Teammitglieder und der Eltern, abhängig ist. Es ist klar, dass Trainer und Trainerinnen, die mit dem Konzept des Selbstmitgefühls noch nicht vertraut sind, es schwer haben, ihren Athleten und Athletinnen dieses Konzept zu vermitteln. Gemäß der ökosystemischen Systemtheorie von Uri Bronfenbrenner (2005), die besagt, dass die Umgebung, in der wir aufwachsen, viele Aspekte unseres Verhaltens beeinflusst, darf die Umgebung der Selbstmitgefühlspraxis im Sport nicht vernachlässigt werden. Und auch die soziale Lerntheorie von Albert Bandura (Hammer, 2011) verdeutlicht die Bedeutung der anderen beim Lernen neuer Dinge. Nach der Theorie von Albert Bandura vollzieht sich Lernen durch Beobachtung, Imitation und Nachahmen. Dies macht eindringlich deutlich, dass die Praxis des Selbstmitgefühls im Sport ohne ein Verständnis des Trainers oder der Trainerin nur schwer zu erreichen ist. Dies bedeutet auch, dass sich der Trainer oder die Trainerin zunächst selbst mit dem Konzept des Selbstmitgefühls auseinandergesetzt haben muss. Dann wünschen sich viele Trainer und Trainerinnen, dass sie klare Handlungsempfehlungen bekommen, wie sie Selbstmitgefühl an ihre Athleten und Athletinnen vermitteln können. Eine Frage, mit denen sich die Trainer und Trainerinnen beschäftigen, ist unter anderem: „Wann ist es am sinnvollsten, die Selbstmitgefühlspraxis zu etablieren, zum einen ab welchem Alter und zum anderem zu welchem Zeitpunkt in der Saison?" Wenn die Athleten und Athletinnen bereits fest im Leistungssport verankert sind, mag es vielleicht schon zu spät sein.

Wenn Trainer und Trainerinnen Selbstmitgefühl vermitteln, ist es wichtig, dass sie selbst die Praxis des Selbstmitgefühls praktizieren. Es ist bekannt, dass die Aufgabe des Trainers und der Trainerin anspruchsvoll ist und viele Stressoren beinhaltet, z. B. unregelmäßige Arbeitszeiten, unklare Arbeitssituation, die manchmal von der Leistung des zu betreuenden Athleten oder der zu betreuenden Athletin abhängt, oder Arbeits-Familienkonflikte (siehe Ackeret et al., 2022). So kann es bei Trainern und Trainerinnen ab und an zu einem Burnout kommen. Generell ist Burnout bei Trainer und Trainerinnen durch eine emotionale und körperliche Erschöpfung, eine Entwertung des Sports oder eine reduzierte Wahrnehmung der persönlichen Fähigkeiten gekennzeichnet (Raedeke, 2004). Raedeke konnte zeigen, dass die Stabilität des Burnouts bei Trainern und Trainerinnen über einen Zeitraum von einem Jahr relativ hoch ist, d. h., es handelt sich um ein relativ überdauerndes Phänomen. Darüber hinaus zeigte sich in einer Studie mit 422 Trainern und Trainerinnen (20,7 % weiblich) eine hohe Stabilität des Burnouts. Zudem zeigte sich, dass Selbstmitgefühl und soziale Unterstützung positiv zusammen hingen, und beide Konzepte negativ mit dem Konzept des Burnouts korrelierten (Ackeret et al., 2022). Dies macht noch einmal deutlich, dass Selbstmitgefühl auch bei Trainern und Trainerinnen eine wichtige Variable sein kann, um mit den Belastungen, die der Trainer- und Trainerinnenjob mit sich bringt, umgehen zu können.

7.3 Anwendungsgebiet 3: Selbstmitgefühlspraxis im Schulsport

In den Interviews mit Peggy Büchse-Dietrich und Johannes Geitner, die beide im Schulsport arbeiten oder gearbeitet haben, wird deutlich, dass Selbstmitgefühl explizit im Schulsport erstmal keine Rolle spielt. Es gibt aber ja auch keine wirklichen Krisen im Schulsport, oder? Naja, vielleicht gibt es keine Krisen, aber nicht jedes Kind liebt den Sportunterricht- ich weiß dies aus eigener Erfahrung, auch wenn es schon lange zurück liegt. Dass ich mit dieser Erfahrung nicht allein bin, zeigt ein Artikel in der Zeitschrift *Spektrum der Wissenschaft* mit dem Titel „Was im Sportunterricht falsch läuft". 80 % der Befragten teilen negative Erfahrungen mit. Und so ist es nicht verwunderlich, dass manchmal sogar Angst vor dem Sportunterricht existiert. Ein Grund könnte hier die fehlende Körperzufriedenheit sein: So konnte z. B. gezeigt werden, dass normalgewichtige, körperunzufriedene Kinder größere Angst vor dem Sportunterricht haben als normalgewichtige, körperzufriedene Kinder (Grimminger-Seidensticker et al., 2019). Darüber hinaus gibt es im Sportunterricht selbst Situationen, die von Missachtung untereinander geprägt sind und so sicherlich für manchen Schüler oder manche Schülerin schmerzhaft sind. Dies wurde z. B. in Fang- und Abwurfspielen im Sportunterrichtskontext untersucht, bei denen es darum ging, „Gefangene" wieder zu befreien. Manche Schüler und Schülerinnen wurden unsichtbar gemacht, indem sie nicht mehr oder erst viel später befreit wurden als andere Schüler und Schülerinnen (Grimminger-Seidensticker, 2013). Wie die Kinder mit diesen Erfahrungen umgehen, ist sehr unterschiedlich: Die Reaktionen reichen von Kampf für die Gerechtigkeit bis hin zu Resignation. Deutlich wird, dass die Situation im Sportunterricht belastend sein kann. Natürlich hat sich beim Sportunterricht viel verändert, nicht immer steht der Leistungsgedanke im Vordergrund. So steht z. B. im Lehrplan des bayerischen Gymnasiums:

„Als einziges Bewegungsfach bietet der Sportunterricht besondere Erziehungschancen, die entscheidend zu einer ganzheitlichen Persönlichkeitsentwicklung beitragen können. Den Schülern wird ein sportliches Selbstkonzept vermittelt, dem ein verantwortlicher Umgang mit der eigenen Körperlichkeit und Leistungsfähigkeit, ein von Fairness geprägtes Sozialverhalten sowie Sensibilität gegenüber Mitmensch und Umwelt zugrunde liegen." (https://www.gym8-lehrplan.bayern.de/contentserv/3.1.neu/g8.de/index.php?StoryID=26406).

Die Chance kann jedoch nur wahrgenommen werden, wenn der Sportlehrer oder die Sportlehrerin selbst genug Ressourcen hat, um die Schüler und Schülerinnen mit Mitgefühl zu begleiten, wenn es mal nicht so gut läuft wie erwartet, zu begleiten. Dass dies nicht immer der Fall ist, haben schon frühere Arbeiten gezeigt. So konnte ein hohes Belastungserleben von Sportlehrkräften nachgewiesen werden (Miethling & Brand, 2004; Oesterreich, 2014).

Was bedeutet dies aber nun? Im einführenden Kapitel dieses Buchs wurde bereits aufgeführt, dass Selbstmitgefühl zum allgemeinen Wohlbefinden und zur Stressreduktion beitragen kann. Von daher bietet es sich an, die Selbstmitgefühlspraxis in der Lehrer und Lehrerinnenausbildung mit anzubieten. Wir selbst haben Kurse für Sportler und Sportlerinnen, die im bayerischen Lehramt unterrichten, angeboten. Für einige der Teilnehmenden war es sicherlich interessant, für andere vielleicht weniger. Doch Selbstmitgefühl kann nur von denjenigen vermittelt werden, die das Konzept kennen und es verinnerlicht haben. Und damit komme ich auch auf die Limitationen des Selbstmitgefühls zu sprechen.

7.4 Limitation 1: Die Beschreibung des Selbstmitgefühls

In manchen Studien wurde darauf hingewiesen, dass die Sprache, mit der das Konzept des Selbstmitgefühls vermittelt wird, entscheidend ist (Cormier et al., 2023). Manchen Athleten und Athletinnen blieb es doch unklar, was Selbstmitgefühl eigentlich ist, und auch ich höre oftmals den Begriff des Selbstmitleids, und eben das ist Selbstmitgefühl gerade nicht! Diese Verwirrung liegt auch daran, dass der Begriff Selbstmitgefühl nicht so häufig im deutschen Sprachgebrauch verwendet wird, im Gegensatz zu Begriffen wie Mitgefühl, Selbstkonzept oder Selbstwert. Der Begriff Selbstmitgefühl ist irgendwie neuer. Im Interview mit Johannes Geitner, einem Fußballtrainer, wird deutlich, dass er davon ausgeht, dass seine jungen Fußballspieler von dem Wort Selbstmitgefühl sogar eher abgeschreckt sind. Wissenschaftler und Wissenschaftlerinnen schlagen deshalb vor, der Einführung des Selbstmitgefühlskonzepts eine psychoedukative Phase voranzustellen, in der explizite Bedenken und Mythen, die mit dem Begriff einhergehen, angesprochen werden (Mosewich et al., 2013). Eine andere Strategie könnte sein, Videos in die Einführung des Begriffs Selbstmitgefühl zu integrieren, in denen Sportler und Sportlerinnen beschreiben, wie sie sich selbst behandelt haben, nachdem sie einen Fehler gemacht haben. Mithilfe dieser Fallbeispiele kann man dann mit den Athleten und Athletinnen diskutieren, wie sich solche Situationen für sie anfühlen und es kann ausgearbeitet werden, welche Strategien für sie am sinnvollsten sind. Darüber hinaus können und sollten die Trainer und Trainerinnen das Konzept so abwandeln, dass es für den jeweiligen Kontext, das jeweilige Alter und Bildungsniveau der Sportler und Sportlerinnen passt. So wurde ein online-Training explizit für Sportler und Sportlerinnen entwickelt und dessen Wirksamkeit von Kuchar et al. (2023) nachgewiesen. In diesem online-Training mit dem Name RESET wird der Begriff Selbstmitgefühl fast nie erwähnt. Im Gegensatz dazu werden die vier Säulen der Resilienz beschrieben: Achtsamkeit, Verbundenheit, Ermutigung und produktives Feedback. Dieses RESET-Programm ist ein modifiziertes, kürzeres mindfulness-self-compassion-Training, das verschiedene sportrelevante Konzepte integriert: 1) das Prinzip der mentalen Stärke 2) die Fokussierung auf im Leistungssport relevante Ziele

3) der Team-Gedanke: Trainer und Trainerinnen wurden integriert, um den Team-Gedanken zu verdeutlichen und 4) weitere sportpsychologische Prinzipien, wie z. B. positives Selbst-Gerede und die Praxis des Vorstellungstrainings (siehe Anhang).

Bei der Etablierung des Selbstmitgefühls gibt es noch einen weiteren wichtigen Aspekt, der nicht übersehen werden darf: Da die Aspekte Kognition, Emotion, Körper, und die Fähigkeit zur Transzendenz sehr individuell sind, wird das Konzept des Selbstmitgefühls nicht alle Athleten und Athletinnen anziehen. Den Gedanken haben wir in einem anderen Buch schon ausführlich wissenschaftlich belegt, aber ich möchte ihn hier nochmal erwähnen, weil er so wichtig ist. Wir betrachten die Situationen und Menschen durch die Brille der anderen Menschen. Das mag natürlich jetzt trivial klingen, aber das Entscheidende ist, dass wir, um den Hintergrund zu verstehen, zunächst einmal ein tiefes Verständnis davon haben müssen, welche Faktoren die eigene und dann natürlich auch die Brille des anderen oder der anderen bestimmen (Jansen & Richter, 2021). Auf das Konzept der Inidvidualität gehe ich im nächsten Kapitel ein.

7.5 Limitation 2: Die individuelle Vielfalt

Es ist nichts Neues, dass wir alle Individuen sind und uns unterscheiden. Das, was vielleicht nicht so klar ist, ist, dass wir uns alle auf den drei Ebenen der Kognition, der Emotion, des Körpers und vielleicht auf einer vierten Ebene, auf einer transzendentalen, unterscheiden (Jansen & Richter, 2021). Dabei sind alle Ebenen eng miteinander verbunden. Jeder Mensch unterscheidet sich in der Entwicklung der einzelnen Facetten, und geht seinen Weg in seinem Tempo und in seiner Tiefe. Aber erst ein solch tiefes Verständnis für sich selbst ermöglicht es, die Verfahren auszusuchen, die für einen selbst gut sind.

Dabei ist jede einzelne Ebene wieder sehr differenziert zu betrachten. Nehmen wir nur einmal die Kognition: Es beginnt mit der Wahrnehmung von Dingen, die alles andere als objektiv ist. Aber auch das Denken und das Gedächtnis, die mentalen Vorstellungen und die Sprache spielen eine Rolle. Athleten und Athletinnen, die eine sehr hohe mentale Vorstellungsfähigkeit besitzen, mögen vom sportpsychologischen mentalen Training profitieren. Hier können sie sich eine Situation vorstellen, diese mental in unterschiedliche Teile aufgliedern und jede Teilsituation nachempfinden. Dies mag ihnen Sicherheit geben, um aus einer krisenhaften Situation auszubrechen und mit einem Sicherheitsgefühl in den nächsten Wettkampf zu gehen. Ähnlich differenziert verhält es sich mit den Emotionen. Wissenschaftler und Wissenschaftlerinnen sind sich noch uneinig, wie viele Grundemotionen es eigentlich gibt. Sicher scheint jedoch zu sein, dass die Fähigkeit zur Emotionsregulation von großer Bedeutung ist. Emotionsregulation bezeichnet die Fähigkeit, Einfluss darauf zu nehmen, welche Emotionen zu welchem Zeitpunkt und wie erlebt werden (Gross, 1998). Athleten und Athletinnen, die sich ihrer Emotionen bewusst sind, könnten z. B. ein Aufmerksamkeitstraining nutzen, um sich auf bestimmte emotionale Aspekte in der Krise zu fokussieren. Es macht einen Unterschied, ob man sich in einer Krise auf den eigenen Fehler, den man gemacht hat, fokussiert oder auf die vielen gut gelungenen Spielzüge. Auch wenn Athleten und Athletinnen einen sehr intensiven Zugang zu ihrem Körper haben, heißt das nicht, dass sie in Krisenzeiten voller Mitgefühl mit diesem umgehen. Hier kann z. B. ein Body-Scan aus einem Achtsamkeitstraining hilfreich sein. Oft wird der Körper im Sport als ein Werkzeug betrachtet, das zu funktionieren hat. Versagt er, kann sich eine Krise anbahnen.

Welcher Aspekt eines Athleten, einer Athletin im Vordergrund steht, bzw. wie die individuelle Kombination der Aspekte aussieht, ist natürlich sehr unterschiedlich. Aber je nach individueller Kombination eignet sich eben ein unterschiedliches sportpsychologisches Training. Hier erweitert das Selbstmitgefühlstraining die Toolbox der unterschiedlichen Verfahren.

7.6 Zusammenfassung: Anwendungsgebiete und Limitationen der Selbstmitgefühlspraxis im Sport

Das Kapitel hat gezeigt, dass es Anwendungsbereiche und aber auch Limitationen der Selbstmitgefühlspraxis im Sport gibt. Das große Potenzial sehe ich persönlich bei den jungen Athleten und Athletinnen und bei Kindern und Jugendlichen im Schulsport. Gerade junge Menschen sind offen für neue Erfahrungen und sehnen sich oftmals nach einer Welt, in der sie sich wohlfühlen können und sich sicher und geborgen fühlen. Die Covid-19-Pandemie hat die mentale Gesundheit der Kinder und Jugendlichen negativ beeinflusst (Kauhanen et al., 2022). Vermehrt treten bei jungen Menschen Stress-, Angst- und Depressionssymptome auf (Wolf & Schmitz, 2023). Sport ist für Nachwuchsathleten und -athletinnen ein eigentlich sicherer Ort. Wenn sie hier nun Krisen durch Rückschläge erleben, ist es wertvoll für sie, mit diesen gut umgehen zu können, gerade dann, wenn die Welt um sie herum zu zerbrechen scheint. Selbstmitgefühl lehrt, sich selbst mit Liebe in Krisen zu behandeln. Die Praxis des Selbstmitgefühls kann demnach einen stabilisierenden Effekt nicht nur im sportlichen Bereich haben. Selbstmitgefühl ist im Sportunterricht von daher wichtig, weil die Kinder und Jugendlichen gerade hier exponiert und sich körperlich nahe sind; Krisen werden hier sichtbarer und gerade das bietet die Möglichkeit, gut mit sich umzugehen. Und natürlich geht dies nur, wenn die Trainer und Trainerinnen und die Sportlehrer und -lehrerinnen ein Verständnis und eine Offenheit für die Praxis des Selbstmitgefühls haben. Damit kommen wir jedoch auch zu den Limitationen: Der Begriff des Selbstmitgefühls wirkt auf viele Menschen befremdlich und es gilt, den passenden Begriff für eine bestimmte Gruppe zu finden. Dabei darf aber die individuelle Vielfalt nicht vergessen werden, manche Menschen sind mehr im Kopf beheimatet, für sie mag ein Aufmerksamkeitstraining, in dem man z. B. lernt, den Fokus auf andere Situationen außerhalb der Krise zu legen, geeigneter sein. Das Wichtigste ist, den für sich eigenen und richtigen Weg zu finden.

Literatur

Ackeret, N., Röthlin, P., Allemand, M., Krieger, T., Berger, T.,Znoj, H., Kentää, G., Birrer, D., & Horvath, S. (2022). Sixmonthstability of individual difference in sports coaches'burnout, self-compassion and social support. *Psychology of Sport & Exercise, 61(3)*, 102207. https://doi.org/10.1016/j.psychsport.2022.102207.

Alkozei, A., Sheehan, K., Piacentini, J. C., & Bluth, K. (2023). How to treat yourself like you are your own best friend. *Frontiers of Young Minds, 11,* 942639. https://doi.org/10.3389/frym.2023.942639.

Bronfenbrenner, U. (2005). *Making human beings human: Bioecological perspectives on human development*. Sage Publications Ltd.

Cormier, D. L., Kowalski, K. C., Ferguson, L. J., Mosewocj. A. D., McHugh, T.-L. F., & Röthlin, F. (2023). *International Review of Sport and Exercise*. https://doi.org/10.1080/1750984X.2022.2161064.

Eke, P. I., Borgnakke, W. S., & Genco, R. J. (2020). Recent epidemiologic trends in periodontitis in the USA. *Periodontology 2000, 82*(1), 257–267. https://doi.org/10.1111/prd.12323.

Grimminger-Seidensticker, E. (2013). Besondere Sichtbarkeit durch Unsichtbarkeit – Wie sich Schüler/innen untereinander grundlegende Anerkennung im Sportunterricht verweigern. *Zeitschrift für sportpädagogische Forschung, 1(1)*, 55–77. https://doi.org/10.5771/2196-5218-2013-1-55.

Grimminger-Seidensticker, E., Korte, J., Möhwald, A., & Trojan, J. (2019). Körperunzufriedenheit, Angsterleben, und Präferenzen didaktischer Inszenierungen im Sportunterricht der Grundschule. *Zeitschrift für sportpädagogische Forschung, 7*(2), 73–87.

Gross, J. J. (1998). The emerging field of emotion regulation: An integrative review. *Review of General Psychology, 2(3)*, 271–299. https://doi.org/10.1037/1089-2680.2.3.271

Habedank, T. (2022). *Belastungen und Ressourcen im Nachwuchsleistungssport. Eine quantitativ-qualitative Studie zur Resilienz*. Springer.

Hammer, T. R. (2011). Social learning theory. In S. Goldstein & J. A. Naglieri (Hrsg.), *Encyclopedia of Child Behavior and Development* (S. 1396–1397). Springer.

Jansen, P., & Richter, S. (2021). *Einfühlsame Kommunikation. Wie wir uns selbst und andere wahrnehmen*. Hogrefe.

Kauhanen, L., Wan Mohd Yunus, W., Lempinen, L., Peltonen, K., Gyllenberg, D., Mishina, K., Gilberg, S., Bastola, K., Brown, J. S. L., & Sourander, A. (2022). A systematic review of the mental health changes of children and young people before and during the COVID-19 pandemic. *European*

Child & Adolescent Psychiatry, 32(6), 995–1013 https://doi.org/10.1007/s00787-022-02060-0.

Kuchar, A. L., Neff, K., & Mosewich, A. D. (2023). Resilience and enhancement in Sport, Exercise, & Training (RESET): A brief self-compassion intervention with NCAA student-athletes. *Psychology of Sport & Exercise, 67,* 102426. https://doi.org/10.1016/j.psychsport.2023.102426.

Logan, K., Cuff, S., AAP COUNCIL ON SPORTS MEDICINE AND FITNESS, LaBella, C. R., Brooks, M. A., Canty, G., Diamond, A. B., Hennrikus, W., Moffat, K., Nemeth, B. A., Pengel, B., Peterson, A.R., & Stricker, P. R. (2019). Organized sports for children, preadolescents, and adolescents. *Pediatrics, 143*(6), e20190997. https://doi.org/10.1542/peds.2019-0997.

Martinsen, M., & Sundgot-Borgen, J. (2013). Higher prevalence of eating disorders among adolescent elite athletes than controls. *Medicine & Science in Sports & Exercise, 45*(6), 1188–1197. https://doi.org/10.1249/mss.0b013e318281a939.

Miethling, W.-D., & Brand, R. (2004). Stressoren im Sportunterricht und psychische Widerstandsressourcen bei Sportlehrerinnen und Sportlehrern in der ersten Berufsphase. *Spectrum der Sportwissenschaften, 16*(1), 48–67.

Mosewich, A. D., Kowalski, K. C., Sabiston, C. M., Sedgwick, W. A., & Tracy, J. L. (2011). Self-compassion: A potential resource for young women athletes. *Journal of Sport & Exercise Psychology, 33*(1), 103–123. https://doi.org/10.1123/jsep.33.1.103.

Mosewich, A. D., Crocker, P. R. E., Kowalski, K. C., & DeLongis, A. (2013). Applying self-compassion in sport: An intervention with women athletes. *Journal of Sport and Exercise & Psychology, 35*(5), 514–524. https://doi.org/10.1123/jsep.35.5.514.

Oesterreich, C. (2014). *Gesunde Lehrkräfte – guter Unterricht?* Springer Fachmedien. https://doi.org/10.1007/978-3-658-08139-3.

Pila, E., Gilchrist, J. C., Kowalski, K. C., & Sabiston, C. M. (2022). Self-compassion and body-related self-conscious emotions: Examining within- and between-person variation among adolescent girls in sport. *Psychology of Sport & Exercise, 58,* 102083. https://doi.org/10.1016/j.psychsport.2021.102083.

Pullmer, R., Chung, J., Samson, L., Balanji, S., & Zaitsoff, S. (2019). A systematic review of the relation between self-compassion and depressive symptoms in adolescents. *Journal of Adolescence, 74,* 210–220. https://doi.org/10.1016/j.adolescence.2019.06.006.

Raedeke, T. D. (2004). Coach commitment and burnout: A one-year follow-up. *Journal of Applied Sport Psychology, 16*(4), 333–349. https://psycnet.apa.org/doi/10.1080/10413200490517995.

Wolf, K., & Schmitz, J. (2023). Scoping review: Longitudinal effects of the Covid-19 pandemic on children and adolescent mental health. *European Child & Adolescence Psychiatry.* https://doi.org/10.1007/s00787-023-02206-8.

8

Das Wichtigste zum Schluss: Selbstmitgefühl oder Selbstliebe?

Selbstmitgefühl spielt immer dann eine Rolle, wenn der Einzelne oder die Einzelne leidet, d. h., wenn krisenhafte Situationen auftreten. Ein Auf und Ab gehört im Sport dazu. Wie wäre es nun, wenn wir auf diese krisenhaften Situationen mit mehr Gelassenheit und Gleichmut reagieren? Sie lediglich als krisenhafte Situationen wahrnehmen, uns aber nicht in ihnen auflösen? Eine Möglichkeit ist es, sich der Selbstliebe bewusst zu werden.

8.1 Was ist Selbstliebe?

„Ohje", mögen Sie als Leser oder Leserin lesen und denken, „erst Selbstmitgefühl und jetzt auch noch Selbstliebe, irgendwie reicht es auch mal und ist das nicht eine sehr egozentrische Sichtweise?" Tatsächlich wurde Selbstliebe häufig mit Narzissmus (Brown & Bossom, 2001) gleichgesetzt, oder auch mit Eigennutz (Fromm, 1939).

Selbstliebe kann in die unterschiedlichen Facetten des Selbstkontakts, der Selbstakzeptanz und der Selbstfürsorge gegliedert werden (Henschke & Sedlmeier, 2023). Diese drei Facetten können wiederum differenziert werden: So umfasst Selbstkontakt die Aspekte der Selbstwahrnehmung, Selbstbegegnung und Selbsterkennung, was unter anderem das Wissen um die eigenen Stärken und Schwächen umfasst. Die Selbstakzeptanz umfasst die Komponenten des Akzeptierens der eigenen Limitationen, auch der eigenen Aggressionen und Verurteilungen, und das Annehmen aller Emotionen. Selbstfürsorge umfasst die Fähigkeit, sich selbst liebevoll zu behandeln, nach sich selbst zu schauen, wenn man leidet, Beziehungen zu gestalten und das zu tun, was einen glücklich macht (Henschke & Sedlmeier, 2023).

Selbstliebe ist aber nicht Selbstmitgefühl und es ist auch nicht Selbstwert. Selbstmitgefühl enthält das Element des Mitgefühls, das, wie oben bereits erwähnt, eines der vier Brahmaviharas ist, und durch den Wunsch beschrieben werden kann, frei von allem Leiden zu sein (Sedlmeier, 2022). Selbstliebe enthält das Element der Liebe (in der Achtsamkeitspraxis auch metta oder loving kindness genannt), das durch den Wunsch beschrieben werden kann, dass alle Lebewesen, auch man selbst, Wohlbefinden erlangen (Salzberg, 2003). Liebe kann als die Grundlage der anderen drei Brahmaviharas, Mitgefühl, Mitfreude und Gleichmut, gesehen werden. Aus diesem Grund hat Selbstliebe eine andere Qualität als Selbstmitgefühl.

Selbstliebe ist aber auch nicht mit Selbstwert gleichzusetzen (Henschke & Sedlmeier, 2023). Selbstwert hat nämlich mit der Bewertung der eigenen Person zu tun! Selbstwert wird häufig als hierarchisch aufgefasst, mit einem globalen Faktor des Selbstwertes und Subfaktoren, wie z. B. dem kognitiven, emotionalen, oder physischen Selbstwert (Fleming & Courtney, 1984). Selbstliebe umfasst eben gerade keine Bewertung der eigenen Person auf irgendeiner Dimension und lässt sich damit auch nicht hierarchisch klassifizieren. Selbstliebe ist nicht die Beurteilung des eigenen Wertes, es ist eine Haltung der Selbstfreundlichkeit in allen Situationen, nicht nur in solchen, in denen man leidet.

8.2 Selbstliebe im Sport

Wie oben beschrieben, bedeutet Selbstliebe, sich unabhängig von der Situation mit Selbstfreundlichkeit zu begegnen. Unabhängig von der Situation – gerade das ist das Schwierige. Wenn man es schafft, sich von Niederlage und Gewinn zu distanzieren, sich nicht mit ihnen identifiziert, sie eben ohne Wertung so nimmt, wie sie sind, dann wird man eine tiefe Ruhe empfinden. Damit ist klar, dass der eigene Wert und das eigene Wohlbefinden nicht von äußeren Umständen abhängen! Das ist im Leistungssport allerdings nur sehr schwer vorzustellen, denn im Grunde geht es ja um nichts anderes, als zu gewinnen!

Wie soll man sich also darauf einlassen, dass es egal ist, ob man gewinnt oder verliert? Die meisten Sportler und Sportlerinnen, die dieses Buch lesen, werden wahrscheinlich die Augen verdrehen und sich denken, dass diese Worte auch nur jemand schreiben kann, der nicht im Leistungssport beheimatet ist. Leistungssport bedeutet – wie das Wort schon sagt –, dass die Leistung und wahrscheinlich nur die Leistung zählt! Das ist die Einheit, in der gemessen wird. Wenn Leistung aber nun nicht mehr wichtig sein soll, dann ist vielen Sportler und Sportlerinnen die Grundlage entzogen. Das, was bei vielen bleiben wird, ist eine Leere. Louis Kleemeyer hat es in seinem Interview in diesem Buch gut ausgedrückt: Wenn bei den gesunden Athleten bei den Olympischen

Spielen etwas nicht funktioniert, dann bricht eine Welt zusammen. Und Philipp Pflieger hat genau das in seinem Interview bestätigt. Bei den Special Olympics ist es jedoch so, dass immer das WIR und die Freude im Mittelpunkt steht und nicht das Ich und der Wettkampf. Das bedeutet nicht, dass die Athleten und Athletinnen der Special Olympics nicht ehrgeizig sind, das sind sie auch! Aber sie richten nicht ihr ganzes Leben auf die Leistung im Sport aus.

Doch wie kann es gelingen, dass die Leistung wichtig bleibt? Die Antwort ist: Aufgrund der Freude, die es bereitet, sich mit anderen messen zu können und eben nicht aufgrund des ICH-Gefühls, der oder die Beste sein zu müssen. Letztendlich ist das natürlich nicht nur ein Thema, das den Sport betrifft, sondern jeden Menschen, der in unserer Leistungsgesellschaft nach Erfolg strebt. Wie halten wir die Waage in dem Wunsch, erfolgreich zu sein, Erfolg aber nicht zum Lebensinhalt zu machen, sondern stattdessen die Freude am Ausführen der bestimmten Sache in den Mittelpunkt zu stellen? Dabei geht es nicht darum, die Leistung oder das Leistungsstreben schlecht zu reden, nein, es gehört zu unserer Gesellschaft. Es geht darum, die Leistung und das Leistungsstreben, ob im Sport oder im Beruf, in den richtigen Rahmen zu stellen. Kann Liebe der richtige Rahmen sein?

8.3 Liebe als der Erfolgsfaktor?

Leistung und Liebe müssen sich nicht ausschließen! Einer, der dies gelebt hat und lebt, ist Phil Jackson. Phil Jackson ist als einer, wenn nicht der beste Basketballtrainer der NBA bekannt. Für ihn ist es wichtig, im Moment und mit Mitgefühl zu leben und die Fähigkeit zu besitzen, die Kontrolle abzugeben. Man könnte auch sagen, dass Leistung in Liebe gebettet wird (siehe auch Jansen & Kunze, 2019). Dabei formuliert er folgende Trainingsprinzipien (Jackson & Delehanty, 2013; Jackson, 2022), die ein Trainer oder eine Trainerin einhalten sollte und die ich in meiner Interpretation ins Deutsche übersetzt und auf den Athleten und die Athletin übertragen habe (in Klammern findet sich die deutsche Übersetzung aus dem Original Jackson, 2022).

- Aus dem Herzen heraus sprechen. (Menschenführung – Von Innen nach Außen)
- Sich selbst nicht so wichtig nehmen. (Drosselung des Egos)
- Jeden im Team seinen eigenen Weg finden lassen. (Jedem Spieler seine Bestimmung)
- Jedem Teammitglied die Freiheit lassen, in Situationen eigenständig und kreativ zu reagieren. (Der Weg zur Freiheit ist ein schönes System.)
- Die Rolle annehmen, die einem im Leben und Sport gegeben wurde. (Aus dem Alltäglichen etwas Heiliges machen.)
- Lernen, achtsam im jetzigen Moment zu sein. (Ein Atem – ein Geist)
- Lernen und wissen, dass der Schlüssel zum Erfolg Mitgefühl ist. (Der Schlüssel zum Erfolg ist Einfühlungsvermögen.)
- Wissen, dass die Atmosphäre, der Geist im Sport, das Wichtigste ist, nicht der Spielstand. (Achte auf deinen Geist, nicht auf die Anzeigetafel.)
- Aber auch wissen, wo Grenzen für einen selbst und für die anderen sind. (Manchmal muss man den Stock herausholen.)
- Anerkennen, dass man im Zweifel lieber nichts macht. (Im Zweifelsfall nichts tun)

- Wissen, dass nicht der Titel das Wichtigste ist, sondern dass man sich auf den Weg fokussieren soll. (Vergiss den Ring.)

Phil Jackson zitiert oft Lao-tzu, der sagt, dass der beste Athlet und die beste Athletin seinen Gegner und seine Gegnerin in seinen und ihren Möglichkeiten sehen möchte. Nicht, dass er den Wettkampf nicht antreten möchte, aber er achtet den Wettkampf im Sinne eines Spiels. Wenn es jedem Athleten und jeder Athletin gelingt, den Sport auf diese Art und Weise zu sehen, wird das dazu führen, dass Krisen im Sport immer geringer werden und ein Weg zu einem liebevollen Leben entwickelt wird.

Mit einem weiteren Satz verdeutlicht Phil Jackson, wie wichtig die Liebe für das Team ist:

„Es bedarf einiger wichtiger Faktoren, um eine NBA-Meisterschaft zu gewinnen. Dazu gehört die richtige Mischung aus Talent, Kreativität, Intelligenz, Härte, und natürlich auch Glück. Fehlt einem Team aber die wichtigste Zutat – Liebe – sind all die anderen Faktoren bedeutungslos." (Jackson, 2022, S. 10)

Ich bin überzeugt, dass, wenn wir auch im Leistungssport mehr nach diesen Prinzipien leben, wir die Krisen liebevoll aufnehmen und sie als Entwicklungschancen nehmen können.

8.4 Zusammenfassung: Selbstmitgefühl oder Selbstliebe?

Das Buch handelt von Selbstmitgefühl, einem effektiven Verfahren, wenn man Krisen erlebt, auch im Sport. Wie wäre es nun, wenn wir diese Krisen gar nicht in diesem

Maße erleben müssten? Schwer vorzustellen, Leid gehört ja schließlich zum Leben dazu. Es kann jedoch anders eingebettet werden, wenn wir ein Leben in Liebe führen. Das ist auch ein Gedanke, der sich in den Gedanken der Special Olympics wiederfindet. In diesem Kapitel werden die Konzepte der Selbstliebe und der Liebe erläutert und es wird beschrieben, wo sie im Sport bereits Anklang finden.

Literatur

Brown, R. P., & Bosson, J. K. (2001). Narcissus meets Sisyphus: Self-love, self-loathing, and the never-ending pursuit of self-worth. *Psychological Inquiry, 12*(4), 210–213. https://www.jstor.org/stable/1449474.

Fleming, J. S., & Courtney, B. E. (1984). The dimensionality of self-esteem: II. Hierarchical facet model for revised measurement scales. *Journal of Personality and Social Psychology, 46*(2), 404–421. https://doi.org/10.1037/0022-3514.46.2.404.

Fromm, E. (1939). *Selfishness and self-love*. William Alanson White Psychiatric Foundation.

Henschke, E., & Sedlmeier, P. (2023). What is self-love? Redefinition of a controversial construct. The Humanistic Psychologist, 51(3), 281–302. https://doi.org/10.1037/hum0000266.

Jackson, P., & Delehanty, H. (2013). *Eleven rings: The soul of success*. Penguin Press.

Jackson, P., & Delehanty, H. (2022). *Die Essenz des Erfolgs*. FinanzBuch Verlag.

Jansen, P., & Kunze, P. (2019). *Bildung braucht Liebe*. Arbor.

Salzberg, S. (2003). *Metta Meditation. Buddhas revolutionärer Weg zum Glück*. Arbor.

Sedlmeier, P. (2022). *The psychology of meditation: Varieties, effects, theories and perspectives*. Hogrefe.

Internet-links

https://self-compassion.org/self-compassion-scales-for-researchers/ (abgerufen am 4.12.2022).
https://self-compassion.org/wp-content/uploads/2021/06/KN_SYW_Fierce-map.pdf (abgerufen am 4.12.2022).
https://www.who.int/news-room/fact-sheets/detail/mental-health-strengthening-our-response (abgerufen am 4.12.2022).
https://www.spektrum.de/lexikon/psychologie/selbstwahrnehmung/13995 (abgerufen am 5.12.2022).
https://www.neurologen-und-psychiater-im-netz.org/psychiatrie-psychosomatik-psychotherapie/therapie/entspannungsverfahren/autogenes-training/ (abgerufen am 8.4.2023).
https://www.spektrum.de/magazin/trauma-schulsport-was-im-sportunterricht-schief-laeuft/2037262 (abgerufen am 23.4.2023).
https://www.gym8-lehrplan.bayern.de/contentserv/3.1.neu/g8.de/index.php?StoryID=26406 (abgerufen am 23.4.2023).

Tipps zur Weiterbildung und zur Beratung in Deutschland

Kurse zum Selbstmitgefühl:
Kurse in Deutschland zum Selbstmitgefühl im Allgemeinen lassen sich am besten über diese Homepage erfragen:
https://www.msc-selbstmitgefuehl.org/kurse/1359

Wenn es zu schwerwiegenden Krisen im Sport kommt:
Hilfe bei schwerwiegenden Krisen im Sport findet man unter anderem bei der Deutschen Gesellschaft für Sportpsychiatrie und Sportpsychotherapie.
https://www.dgspp.de

Anhang: RESET

Überblick über das ein etabliertes Selbstmitgefühlstraining für den Sport aus den USA von Dr. Ashley Kuchar.

Sitzung	Beschreibung	Zeit (min)
1 Bouncing vorwärts	In dieser Sitzung werden wir über häufige Rückschläge im Sport nachdenken und die Auswirkungen untersuchen, die sie auf uns haben können. Wir lernen, auch auf diese Herausforderungen auf andere Weise zu reagieren, sodass wir die Resilienz, die Leistung und das Wohlbefinden positiv beeinflussen können.	75
2 Achtsamkeit	In dieser Sitzung untersuchen wir die Rolle der Achtsamkeit bei Rückschlägen und Misserfolgen. Wir zeigen auch verschiedene Möglichkeiten auf, wie wir Achtsamkeit im Alltag oder in Stresssituationen nutzen können.	60

© Der/die Herausgeber bzw. der/die Autor(en), exklusiv lizenziert an Springer-Verlag GmbH, DE, ein Teil von Springer Nature 2023
P. Jansen, *Selbstmitgefühl im Sport*,
https://doi.org/10.1007/978-3-662-67840-4

Sitzung	Beschreibung	Zeit (min)
3 Entdecke deinen inneren Coach	In dieser Sitzung lernen wir, wie wir uns der Stimme unseres inneren Kritikers bewusst werden, ohne ihr nachzugeben. Wir besprechen auch die Präsenz unseres inneren Coaches und erkunden Wege, wie wir unsere Aufmerksamkeit stattdessen auf ihn lenken können.	60
4 Stärken, Dankbarkeit und Selbstfürsorge	In dieser Sitzung lernen wir, wie wir einen stärkenbasierten Ansatz für unsere Resilienz-Praxis wählen, indem wir die persönlichen Stärken anerkennen, Dankbarkeit ausdrücken und Selbstfürsorge praktizieren. Die Anwendung dieser Praktiken kann die Perspektive des inneren Coaches stärken.	60
5 Klug und unterstützende Coaches	In dieser Sitzung entwickeln wir unseren inneren Coach weiter, indem wir eine ermutigende Präsenz in uns selbst kultivieren. Die Kultivierung eines starken inneren Coaches ermöglicht uns, uns selbst produktives Feedback und Unterstützung zu geben, wenn wir dies brauchen.	60
6 Ziele und Spielpläne	In dieser Sitzung besprechen wir, welche Rolle die Grundwerte bei der Zielsetzung einnehmen. Wir reflektieren auch über die Erfahrungen, die wir in diesem Programm gemacht haben, und formulieren einen Plan für die Zukunft.	60

Referenz:

Kusher, A. (2022). RESET: A brief self-compassion intervention with NCAA student athletes. Unpublished PhD Thesis, University of Texas Austin, USA.

GPSR Compliance
The European Union's (EU) General Product Safety Regulation (GPSR) is a set
of rules that requires consumer products to be safe and our obligations to
ensure this.

If you have any concerns about our products, you can contact us on

ProductSafety@springernature.com

In case Publisher is established outside the EU, the EU authorized
representative is:

Springer Nature Customer Service Center GmbH
Europaplatz 3
69115 Heidelberg, Germany

www.ingramcontent.com/pod-product-compliance
Lightning Source LLC
LaVergne TN
LVHW020331260326
834688LV00037B/980